눈물없이 배우는

회계 이야기

이상욱 지음

TALE OF ACCOUNTING

– NO MORE SORROWS –

신아사

이상욱

서울과학기술대학교 경영학과 교수이며,
교수 이전에는 한국은행에서 일했다.

눈물없이 배우는

회계이야기

초판 1쇄 발행 _ 2025년 11월 30일

저　　자 • 이 상 욱
발 행 인 • 정 현 걸
발　　행 • 신 아 사
인　　쇄 • 부건애드
출판등록 • 1956년 1월 5일(제9-52호)
주　　소 • 서울특별시 은평구 통일로 59길 4 (2F)
전　　화 • (02) 382-6411 팩 스 · (02) 382-6401
홈페이지 • www.shinasa.co.kr
E-mail • shinasa@daum.net

ISBN 979-11-7342-110-5 (93320)

정가 18,000 원

서언

회계는 인류 문명의 발전과 함께 탄생 발전하여 왔다. 고대 인류는 잉여생산물의 소유, 배분, 거래 과정에서 회계를 이용하기 시작하였다. 중세 시대의 장거리 항해 발전과 더불어 필요 자금 조달, 이윤 배분 과정에서 오늘날 회계의 틀이 마련되었다. 오늘날 회계는 자본주의 시장 경제가 원활히 작동하기 위한 필수 불가결 요소로 그 중요성이 날로 커지고 있다.

회계는 기업 경영의 언어(language of business)이다. 기업 경영에 관한 정보는 회계를 통해 전달되며, 대부분의 경영 의사결정은 회계정보에 기반을 두고 있다. 회계를 알지 못하고서는 유능한 사업가, 경영인, 직장인이 되기 어렵다. 또한 투자자로 좋은 투자 성과를 달성하기 위해, 소비자로 만족스러운 소비를 위해, 취업 준비생으로 좋은 기업에 취업하기 위해서는 회계를 잘 이해하고 활용해야 한다.

회계의 중요성에도 불구하고, 많은 사람들이 '회계는 전문가의 영역이야!'라고 생각하면서, 배우기를 주저하거나 포기한다. 심지어 회계를 전공으로 배우는 학생들도 어려움을 느끼면서 포기하는 '회포자(회계 배우기를 포기하는 자)'가 되기도 한다. 왜 그럴까? 그 이유는 아마도 회계를 배우는 데 부담과 어려움이 있었기 때문이 아닌가 생각된다.

본서는 회계라는 글을 작성하는 작가를 주된 대상으로 하기보다는, 회계라는 정보를 이용하고 활용하는 훌륭한 독자가 되고자 하는 사람들을 주된 대상으로 하고 있다. 따라서 본서는 회계 정보를 생산하는 방법보다는 회계를 읽고 이해하는 능력 향상에 도움이 되는 내용을 많이 포함하고자 노력하였다.

본서는 다음과 같이 구성되어 있다. 1장에서는 회계를 처음 공부하는 사람들에게도 부담이 없는 회계 이야기를, 2장에서는 회계의 기록, 보고에 대한 기본 원리를 소개한다. 마지막으로 3장에서는 재무제표를 읽고 이해하는 능력을 키우는 데 초점을 둔다.

본서는 회계에 대해 알고자 하는 독자들의 요구를 충분히 채워주기에는 부족한 부분이 없지 않다. 회계를 시작하려는 여러분들의 회계 학습의욕을 고취시키는 데 본서가 미력하나마 도움이 되길 바란다.

마지막으로 부족한 본서의 편집과 출간을 위해 노력해 주신 사장님, 그외 많은 분들께 진심으로 감사를 드리는 바이다.

2025년 9월

불암산 자락에서 저자 올림

차 례

Ⅰ. 회계 이야기의 시작

II. 회계거래 기록과 보고

III. 재무제표 읽기

I

회계 이야기의 시작

1. 회계의 어원, 역사 이야기
2. 회계라는 언어
3. 회계는 이야기이다
4. 복식부기 이야기
5. 회계기준에 관한 이야기
6. 자본시장 발전에 기여하는 회계
7. 회계, 쉽게 배우고 이용하자
8. 회계에 관한 불편한 이야기
9. 다양한 회계

1. 회계의 어원, 역사 이야기

"회계(**會計**)는 한자어로 구성된 단어이다. '모으다. 합계를 산출하다.' 의미를 가진 모일 회(**會**)라는 한자, '세다. 셈하다.'라는 의미를 가진 셀 계(**計**)라는 한자의 합성 단어이다. 따라서 회계(**會計**)를 한자어 그대로 의미를 풀어본다면, '무언가를 모아서 셈을 하다.'라는 의미이다."

1-1. 회계(會計, accounting) 어원과 의미

회계(會計)는 한자어로 구성된 단어이다. '모으다. 합계를 산출하다.' 의미를 가진 모일 회(會)라는 한자, '세다. 셈하다.'라는 의미를 가진 셀 계(計)라는 한자의 합성 단어이다. 따라서 회계(會計)를 한자어 그대로 의미를 풀어본다면, '무언가를 모아서 셈을 하다.'라는 의미이다.

한자로 풀이한 회계의 의미를 살펴보면, 회계는 '회계대상이 되는 경제주체들(예: 기업, 정부, 가계 등)의 금전적 거래 결과들을 합하고 셈하는 것'이라고 할 수 있다.

표준국어대사전에서는 회계를 '나가고 들어오는 돈을 따져서 셈을 함'으로 정의한다. 또는 '개인이나 기업 등의 경제활동 상황을 일정한 계산 방법으로 기록하고 정보화'하는 것으로도 정의한다.

표준국어대사전에서 정의하는 관점에 비추어 보면, 회계는 '개인, 기업 등의 경제 활동들을 일정 기준에 따라 기록하고 정보화'하는 것이라고 할 수 있다.

회계의 영어 표현은 Accounting이다. 영어에서 Accounting은 돈 계산을 의미하는 Account가 변화해서 생겨난 단어이다. 영어의 Account는 프랑스어 Acont에서 유래되었다. 프랑스에서 Acont는 부기, 장부를 의미한다. 따라서 영어의 회계, 즉 Accounting은 부기, 장부에 돈 계산을 기록하는 것을 의미한다.

한편 Account는 '장부에 기록할 만큼의 가치가 있는 정보'라는 의미도 내포하고 있다. 'Account라는 회계장부에 무언가를 기록한다.'는 것은 그만큼의 가치를 인정하는 것을 의미이다. Account라는 장부에 기록 반영되지 않는 정보는, 그만큼 가치 또는 중요성이 낮은 정보로 평가할 수 있다.

여러분이 잘 아는 영어 관용어구 등에서도 Account가 등장한다. 이러한 Account가 등장하는 영어 관용어구에서도 가치 있는 정보라는 의미의 Account와 관련된 것으로 추정할 수 있다.

먼저 'Take ~ into account'라는 영어 관용어구는 '~을 고려하다. 배려하다.'라는 의미이다. 장부(Account)에 가치 있는 정보로 어떠한 대상을 기록 반영하는 것은 그러한 대상을 배려 또는 고려하는 의미로 해석되는 것이다.

다음 'of no account'라는 영어 관용어구는 '중요하지 않은'이라는 의미이다. 이는 장부(account)에 기록하지 않는 정보 등은 '중요하지 않은 정보'라는 의미에서 비롯된 것으로 추정된다.

한편 'account for'라는 영어 관용어구는 '~을 설명하다.'라는 의미이다. 이는 회계가 정보를 제공하고 설명하는 기능과 관련이 있다. 회계

Accounting은 '돈을 계산한다'는 의미뿐 아니라, 회계 정보 수요자들에게 '회계정보를 설명, 제공한다.'라는 회계의 중요한 기능에 대한 의미도 포함한다. 회계가 '어떠한 정보를 설명, 제공한다.'라는 기능을 가지므로, 'account for' 관용어구도 '어떠한 정보를 제공하고 설명하다.'라는 의미를 내포한 것으로 추정된다.

〈Account 포함 영어 어구를 통해 살펴본 회계 기능〉

'회계 Account'는 가치 있다고 판단되는 정보를 고려하여 기록하고(관련 어구: take into ~ account, of no account), 이러한 회계 정보를 이해관계자들에게 제공하고 설명한다(관련 어구:~ account for).'는 영어 어구를 통해 회계(**會計**, Accounting)의 의미, 기능을 확인할 수 있다.

1-2. '회계의 기원'(인류는 언제부터 회계를 사용했나?)

인류는 언제부터 회계를 이용하기 시작했을까? 인류는 물물교환 등 경제적 거래를 시작하는 시기부터 그 거래를 기록하고 정보화하기 위해 '회계'를 이용하였다. 고대 인류는 공동 경제생활을 하고 그 결과를 배분하는 과정에서 경제 구성원들이 이해할 수 있는 정보를 제공할 필요성이 생겼고, 그러한 수단으로 '회계'를 이용하기 시작하였다.

이라크 인근 메소포타미아 유적에서는 염소 등의 거래에 관한 정보가 기록된 점토판이 발견되었다[1](그림 1 참조). 이러한 점토판은 기원전 2,100 ~ 2,200년경으로 추정된다. 이러한 점토판에는 염소 거래에 관한

1) 인류 최초의 쐐기 문자 등은 이와 같은 회계적 거래 정보를 포함하고 있다.

정보가 포함되어 있다. 염소를 판매한 사람, 염소를 구매한 사람, 거래된 연도와 일자, 염소에 포함된 젖의 활용 그리고 이 점토판을 작성한 사람에 대한 정보가 포함되어 있다. 금전적 경제거래의 일시, 거래 내용, 금액 등을 기록하고, 이를 기록한 정보를 기록하는 것은 오늘날 회계를 작성하는 목적과 큰 차이가 없다.

[그림 1] 이라크 메소포타미아 유적에서 발견된 회계거래 기록 점토판
출처: 베를린 고고학 박물관(Vorderasiatisches Museum Berlin)
대영 박물관(The British Museum)

메소포타미아 유적뿐 아니라 비슷한 시기(기원전 2,477~2,455년)의 이집트 유적에서도 회계 거래를 기록한 유물이 발견되었다(그림2 참조). 이집트 유물은 점토판이 아니라 파피루스[2)]에 기록되었으며, 동 유물은 신전에서 발생한 거래 내용의 정보를 기록하고 있다.

2) 파피루스는 고대 문명에서 필기 재료로 사용한 식물이다.

[그림 2] 이집트 유적에서 발견된 회계 거래가 기록된 파피루스
출처: Duke 대학교 파피루스 아카이브

위 고대 유물들을 통해 확인되는 바와 같이, 회계는 고대부터 인류가 사용했던 것으로 추정된다.

메소포타미아 문명에서 발견된 점토판, 이집트에서 발견된 파피루스 유물에는 농산물, 가축 숫자가 기록되고, 동 거래에서 발생하는 잉여생산물(회계의 이익에 해당) 등을 계산하고 기록한 정보가 포함되어 있다. 고대 인류들이 농경 생활을 하고 정착하는 과정에서 발생한 잉여생산물을 소유하고 배분하면서, 이러한 잉여생산물에 대한 정보를 제공하기 위해 회계를 사용한 것으로 추정된다.

고대 인류사회에서도 공동으로 농경 및 수렵 생활한 결과물의 규모와 활용, 배분 등에 관심을 가졌을 것이다. 고대 인류들도 공동으로 농경 및 수렵 활동한 결과, 그리고 잉여생산물에 대한 정보가 궁금했을 것이다. 또한 공동 경제생활에 참여하였던 고대 인류들은 궁극적으로 자신들이 배분 받을 각자의 몫에 대한 정보도 궁금했을 것이다. 고대 인류들에게도 공동으로 생산 수렵한 결과물, 이를 이용한 추가적인 경제 거래와 그리고 배분받을 몫에 대한 정보를 제공하는 (회계)정보의 신뢰성이 중요하였다. 고대 인류사회에서의 (회계)정보의 신뢰성 유지는 당시 사회 질서유지에 중요한 역할을 하였을 것으로 추정된다.

고대의 회계 유물에서 발견된 바와 같이, 고대 인류들이 회계를 이용하여 공동생산, 거래, 분배 등에 대한 정보를 포함하고 제공하기 위해서는 그 정보에 대한 신뢰성 전제가 중요하였다. 고대 인류사회에서 점토판, 파피루스 등에는 이러한 정보를 작성한 사람에 대한 정보도 함께 제공된다. 고대 인류사회에서도 회계정보의 신뢰성을 유지하기 위해서는 (신뢰할 만한) 회계 전문가에 의해 이러한 정보가 작성되었던 것으로 추정된다.

고대 인류사회에서도 오늘날 회계정보의 생산 및 공시와 유사한 절차가 존재하였던 것으로 보인다. 고대 인류사회에서도 오늘날 회계의 재무제표의 역할을 하였던 점토판, 파리루스 등의 회계 기록은 많은 사람들이 알아볼 수 있도록 공통된 기호 등으로 표시하여 기록하였으며, 이를 결산하고 인준하는 절차 등의 과정이 존재하였던 것으로 보인다.

메소포타미아 등 고대 문명의 시기에는 숫자가 발명되기 전이다. 이들 고대 회계 기록 유물은 숫자가 포함되지 않은 차이를 제외하고는 오늘날 회계와 큰 차이가 없다고 평가할 수 있다.

회계는 인류의 경제활동에 도움을 주기 위해 만들어진 발명품이며, 인류 역사의 발전과 함께 발전하였다. 회계는 많은 경제적 거래들을 돈으로 환산해서 장부에 기록하고 이를 정보로 제공한다. 고대 인류들의 경제적 거래에 비해 오늘날 현대의 경제적 거래는 거래 건수도 훨씬 더 많고 그 내용도 복잡하고 광범위하다. 따라서 고대 인류사회와 비교해 증가한 거래, 확내된 거래대상, 증가한 거래의 복잡성 등으로 현대에서의 회계의 중요성은 더욱 증가하고 있다.

고대 인류들이 회계 정보 생산 제공을 위해 점토판, 파피루스가 필요했던 것처럼, 오늘날 우리 인류도 회계장부가 필요한 것이다. 오늘날 경제주체(가계, 기업, 정부 등)들이 얼마를 생산해서, 얼마의 잉여가 발생하였고, 이를 어떻게 배분하였는 지를 정확히 기록하여 제공하는 것은 고대 인류가 회계를 기록했던 이유와 유사하다. 회계는 경제적 생산, 거래, 배분 등에 대한 내용들을 많은 대중들이 인식하고 이해할 수 있는 정보로 만들어 제공하는 중요한 기능을 가진다.

1-3. 우리나라 복식부기 회계가 세계 최초라고?

우리나라에서도 고유의 회계가 존재했을까? 우리나라에서는 12세기 고려시대부터 상업이 발달한 개성지역 상인들을 중심으로 회계를 사용한 것으로 추정된다. 12세기 고려시대 개성상인들은 '시개송도치부법'이라는 고유의 복식부기를 장안했던 것으로 전해지고 있다. 12세기 고려시대 개성상인들이 창안하여 사용했던 것으로 알려진 우리나라 고유 복식부기 회계는 서양에서 복식부기 회계 사용 시점과 비교한다면, 무려 200년이나 앞서 사용한 것이다. 우리나라 복식부기 회계 사용이 세계 최초의 복식부기 사용이라고 할 수 있다.

그러나 우리나라의 복식부기 회계는 개성지역에 한정되어 전국적으로 확산되지 못하였고, 오늘날까지 그 전통성이 이어지지 못하고 있다. 우리나라 고유의 회계가 확산되지 못하고 명맥을 유지하지 못한 것은 다음 원인들에 기인한 것으로 추정된다.

첫째, 고려시대와 달리 조선시대에 들어와서는 사농공상(士農工商)의 풍조가 널리 퍼져 상업을 천시하는 경향이 증가하였다. 이러한 사농공상의 풍조는 고려시대 개성 상인들이 창안한 우리나라 고유 회계의 사용이 크게 확산하는 데 큰 장애가 되었다.

둘째, 우리나라 고유의 복식부기 회계는 개성이라는 특정 지역에 국한되어 사용되었다. 전국적으로 확산되지 않고 개성지역을 중심으로 사용되었던 점이 지속적으로 발전하여 후대로 계승되지 못한 원인이다.

마지막으로 우리나라 회계 사용법은 체계적 기록과 교육이 뒷받침되지 못하였다. 우리나라 회계의 사용은 주로 구전 등에 의해 사용법이 전승됨에 따라 회계 사용법이 체계적으로 학습되고 전승되는데 한계가 있었던 것으로 보인다.

개성부기 또는 송도부기는 일제 강점기 이전까지만 하더라도 개성 상인들을 중심으로 계속 사용되어 왔던 것으로 전해지고 있다. 그러나 일제 강점기 이후, 일본이 도입한 서양의 복식부기 회계의 확산으로 우리나라 고유의 회계는 일본이 도입한 복식부기 회계로 그 사용이 점차 대체되었다. 일본에 의해 도입된 서양부기 사용의 확산으로 구전에 의해 계승된 우리나라 고유의 복식부기 회계의 명맥도 점차 사라져 버린 것이다.

[그림 3] 개성 복식부기 장부(등록문화유산 제587호)

출처: 국가유산청

2. 회계라는 언어

"회계는 회계대상이 되는 회사의 경영자 등이 경영활동에서 사용되는 경영 언어(business language)이며, 회사의 이해관계자들에게 회사의 경영정보를 전달하는 경우에 사용되어지는 경영 언어(business language)이다."

2-1. 회계라는 언어를 알면 좋은 점들

당신은 좋아하는 스포츠 종목, 또는 좋아하고 응원하는 스포츠 팀이 있는가? 당신은 당신이 좋아하고 응원하는 축구팀, 야구팀, 농구팀, 배구팀 등이 승리하기를 바라는가? 당신이 응원하는 스포츠 팀이 경기에서 승리하면 자부심도 느끼고 기분이 좋아지는가?

스포츠 시합에서 승리를 많이 하는 프로팀과 해당 팀의 선수들은 많은 명예와 부를 누릴 것이다. 스포츠 경기에서처럼, 기업도 시장에서 치열한 경쟁을 하고 있다. 이와 같은 경쟁 시장에서 기업이 승리하면, 눈에 보이는 많은 부와 편익뿐 아니라, 눈에 보이지 않은 명성도 가지게 된다.

시장에서 경쟁우위를 가지는 기업은 그 기업의 주주, 고객, 종업원 등에게도 좋은 회사가 될 것이다. 경쟁우위의 기업은 그 기업의 주주에게 금전적 혜택을 줄 것으로 기대된다. 경쟁우위 기업의 주주는 주가 상승 또는 배당 수령 등을 통해 경쟁우위 회사로부터 혜택을 받을 것으로 기대된다. 또한 경쟁우위 기업은 종업원들에게 높은 급여를 지급하고 안정적인 일자리를 제공해 줄 것으로 기대된다. 고객들도 경쟁우위 회사로부터 신뢰할 수 있는 양질의 제품과 서비스를 제공받을 것으로 기대할 것이다.

그러면 여러분이 관심을 가지는 기업은 어떠한 기업인가? 여러분들이 관심을 가지는 어떠한 기업(예를 들어 A 기업)으로부터 경제적 이익을 취한다면, 이러한 'A 기업'은 경쟁력을 가진 성공한 기업이라고 할 수 있는가? 당신은 당신이 관심을 가지는 'A 기업'이 어떻게 돈을 벌어들이는지 알고 싶지 않은가? 또한 당신은 'A 기업'이 얼마나 많은 돈을 벌어들이는지 알고 싶지 않은가? "당신은 당신이 관심을 가지는 이러한 기업들에 대한 정보를 어떻게 얻을 수 있다고 생각하는가?"

당신이 관심을 가지는 'A 기업'이 시장에서 경쟁우위를 가진다면, 고객에게도 좋은 기업인가? 또한 경쟁력 있는 'A 기업'이 좋은 일자리를 제공하는 기업으로서 그 기업의 직원, 그 기업으로의 취업을 희망하는 청년들에게도 좋은 직장이 될 수 있을까? 또한 여러분은 투자자로서 여러분이 관심을 가지는 'A 기업'에 투자한다면, 금전적 이익을 얻을 수 있다고 생각하는가? "고객, 직원, 투자자로 여러분들이 관심 있는 A 기업에 대한 판단을 하기 위해 필요한 A 기업에 대한 정보를 어떠한 방법으로 알 수 있을까?"

Accounting, 회계(會計)는 당신이 관심을 가지는 기업에 대한 다양한 정보를 제공한다. 당신은 Accounting, 회계(會計)를 통해 당신이 관심을 가지는 기업이 얼마나 많은 돈을 어떠한 방식으로 벌어들이는지에 대한 정보를 얻을 수 있을 것이다. Accounting, 회계(會計)를 통해, A 기업의 주주, 고객 또는 종업원으로서 여러분은 당신이 관심을 가지는 A 기업에 대한 다양한 정보를 얻을 수 있을 것이다.

이처럼 Accounting, 회계(會計)는 기업의 다양한 이해관계자들(고객, 종업원, 주주, 채권자 등)에게 유용한 정보를 제공하는 수단, 즉 정보시스템 체계이다. Accounting, 회계(會計)는 회계정보를 이용하는 사람들이 합리적 의사결정을 할 수 있도록 유용한 정보를 제공한다. 회계는 회계 기록의 대상이 되는 기업 등의 정보를 화폐금액으로 표시하여 기업의 다양한 이해관계자들에게 제공한다. 구체적으로 회계는 '재무제표'라는 결과물을 작성하여 기업 등의 이해관계자들에게 유용한 회계정보를 제공한다.

2-2. 회계는 전문가의 영역? 몰라도 괜찮을까?

친구가 "너희 회사 잘 운영되고 있어?"라는 질문에, 여러분은 "응, 그런 거 같아."라고 답할 수 있을 것이다. 그런데 좀 더 구체적으로 다음과 같은 질문을 받는다면, 여러분들은 얼마나 자신 있게 대답할 수 있을까?

(가령, 다음과 같은 질문을 받았다고 생각해 보자.)
너희 회사 '매출'은 얼마 정도 나와?
너희 회사의 '매출이익률'은 높은 편이라고 생각해? 어느 정도야??
너희 회사의 '세전 이익'은 얼마 정도 나오고 있어?
너희 회사 '법인세'는 어느 정도 납부하고 있어?

너희 회사 '총자산, 자기자본, 부채' 규모는 어느 정도야?

너희 회사 '유동비율, 부채비율, 영업이익률, 영업이익대비이자비용비율'은 어느 정도 수준이야?

그러한 질문에 대해 쉽게 답변하기 어려울 경우에, 아마 여러분들은 다음과 같이 대답하면서 관련 질문들을 회피하려고 할 것이다. "어, 그런 용어 굳이 내가 꼭 알아야 하나. 우리 회사를 담당하는 회계사 또는 우리 회사의 회계 및 재무팀에서 알고 있으면 되지 않나?", "나는 그냥 내가 맡은 일이나 사업(business)에만 집중하면 되지, 머" 또는 "회사 내에 그런 수치는 회계, 재무팀에서 잘 관리하고 논의하면 되지. 나 같은 회계와 관련이 없는 부서(엔지니어, 마케팅, 인사 등의 부서)에서 근무하는 직원(엔지니어, 마케팅 담당, 인사담당 등)들은 그러한 개념이나 수치 등은 몰라도 되지 않나?"

또는 여러분들이 주식 투자를 하는 경우에, 주식 투자 대상이 되는 회사의 '매출, 이익, 이익률, 총자산, 자기자본, 부채, 유동비율, 부채비율, 영업이익률, 영업이익대비이자비용비율' 등 회계 정보를 알아야 한다고 생각하는가? 아마 여러분들 가운데 많은 분들은 주식 투자 의사결정을 하는 과정에서 투자 대상 회사에 대한 이러한 회계정보를 얻지 않으려고 하거나 또는 이러한 회계정보를 이용하는데 익숙하지 않는 분들이 많을 것이다.

이 글을 읽고 있는 여러분들은 어떠신가요? 여러분들은 위에서 언급한 '매출, 매출이익률, 이익, 법인세, 총자산, 자기자본, 부채, 유동비율, 부채비율, 영업이익률' 등의 회계용어에 대한 개념, 작성, 활용 등에 대해 잘 이해하고 있으신가요? 혹은 이러한 회계용어에 대해서 언론 등을 통해서 들어 보신 적이 있으신가요? 아니면 주식 투자 과정에서 이러한 회계용어들을 접해 보신 경험이 있으신가요?

여러분들이 사업을 하거나, 직장에 근무하거나, 또는 주식 투자를 하기 전에 이러한 회계용어를 미리 알고 있었다면, 여러분들의 사업, 직장 근무, 그리고 주식 투자 등에서 차이가 있었을까요?

사업가들이 회계를 잘 알거나 이해한다면, 본인이 운영하는 사업(business)의 상황을 잘 분석하고 분석 결과를 바탕으로 사업(business)에 대한 의사결정, 경영을 잘 하실 것이라고 기대되지 않으신가요?

직장인들이 회계를 잘 알거나 이해한다면, 자신이 근무하는 회사에 대한 회계정보에 대한 이해를 토대로, 자신이 수행하는 업무와 회사 목표와의 연계성을 잘 이해함으로써, 본인이 수행하는 업무가 회사가 추구하는 목표에 효과적으로 기여하는데 도움이 될 것이라고 생각하지 않으신가요?

투자자들이 회계를 잘 알거나 이해한다면, 투자자들이 투자하려는 회사의 경영상황, 재무상황에 대한 이해를 바탕으로 성공적인 주식 투자 성과를 보일 가능성이 높을 것이라고 생각하지 않으신가요?

2-3. 회계 경영의 언어, business language

회계는 경영의 언어(business language)라고 불린다.

훌륭한 경영 의사결정(business decision making)을 위해서는 경영에 필요한 정보를 잘 이해해야 한다. 경영에 필요한 정보 이해를 위해서는 먼저 경영정보가 명확하게 표현되어야 한다. 경영정보가 화폐 금액과 같은 수치로 제공된다면, 보다 객관적이고 명확한 정보 전달로 경영자의 의사결정에 많은 도움이 될 것이다.

"우리 회사는 작년보다 경영상황이 좋아졌어."라는 표현보다는 "우리 회사의 순이익은 작년보다 10% 증가한 11억 원의 순이익을 기록하는 등 경영상황이 작년보다 좋아졌어."라는 경영정보가 보다 객관적이고 명확한 경영상황을 전달하는 정보일 것이다. 일반 언어적 표현으로만 전달되는 경영정보보다 화폐금액, 비율 등과 같은 객관적이고 명확한 수치를 기반으로 표현하는 경영정보가 경영자 등이 선호하는 정보일 것이다.

이와 같이 기업의 경영정보를 화폐금액으로 표현하고 전달하려면, 기업의 모든 경영활동 및 거래 등이 화폐금액으로 표현되고 요약될 수 있어야 할 것이다. 그것이 가능할까? 그렇다. 회계가 그것을 가능하게 한다.

여러분, 경제의 피, 곧 혈(血)은 바로 돈, 화폐라는 말을 들어본 적이 있는가? 화폐는 경제의 피, 혈(血)로, 화폐의 흐름은 경제의 피, 혈(血)의 흐름이라고 할 수 있다. 우리가 살아가는 경제활동 또는 거래의 이면에는 돈, 화폐의 흐름이 뒤따른다. 기업 경영도 모든 경영활동 또는 거래의 이면에는 화폐의 지급, 수취 등 화폐의 흐름이 뒤따른다. 따라서 기업의 모든 경영활동과 그 결과는 화폐 금액으로 정보화할 수 있는 것이다.

경영의사 결정을 위해서 필요로 하는 경영정보는 화폐금액으로 표현되고 요약될 경우 그 정보는 보다 유용하다. 회계는 경영정보를 화폐금액 등으로 생산하여 정보이용자들에게 전달하는 정보시스템 체계이다.

따라서 기업 경영활동 및 의사결정을 위해 필요한 경영정보는 대부분 회계에 의해 작성 제공된다고 할 수 있다. 회계는 기업 경영 의사결정에서 표현되는 경영정보를 작성하는 수단이므로, 회계에 대한 이해도가 높을수록 경영정보를 잘 이해하고 활용하는 데 유리할 것이다.

이와 같이 회계는 경영활동 및 의사결정의 정보를 전달하고 표현하는 언어이다. 기업에 이용되는 경영정보는 회계에 의해 만들어진 수치 또는 비율 등에서 시작된다. 이러한 회계적 수치 이면의 정보를 잘 이해할수록 훌륭한 경영자로서 자질을 갖추는 요건이 될 것이다.

회계를 이해하지 못하면, 기업의 과거 및 현재 경영상황 등을 이해하기 어려울 뿐 아니라, 미래 경영 전망 및 대처 능력 또한 저하될 것이다. 회계에서 제공하는 경영정보에 대한 이해력이 부족하고 활용 능력이 낮은 사람들은, 기업 경영정보에 대한 이해와 상호 정보공유 능력이 떨어질 것이다. 회계에 대한 이해력이 부족할 경우, 기업 경영에 필요한 미래 예측과 계획 수립, 위기 상황 발생 등에 대한 대처 능력 등도 취약할 것이다.

여러분들의 회사에서 업무를 잘 이해하고 유용한 의사결정을 하려면, 회계를 잘 이해하고 활용해야 할 것이다. 회계를 잘 이해할수록 본인이 수행하는 업무와 기업 경영 전체와의 연계성도 잘 이해할 것이다. 회계로 표현된 경영언어를 잘 이해하고 표현한다면, 여러분들은 회사에서 유능한 업무능력을 발휘하는 사람이 될 가능성이 크다.

회계(會計, Acccounting)는 회사에 소속된 경영자 및 직원뿐 아니라, 회사 정보를 알고자 하는 주주, 고객, 종업원, 정부 등 회사의 이해관계자들에게 필요로 하는 정보를 제공한다. 따라서 회계는 회계대상이 되는 회사의 경영자 등이 경영활동에서 사용되는 경영 언어(business language)이며, 회사의 이해관계자들에게 회사의 경영정보를 전달하는 경우에 사용되어지는 경영 언어(business language)이다.

2-4. 회계를 모르면 유능한 경영자가 되기 어려운가?

회계는 경영의 언어(business language)라는데, 회계를 모르면 유능한 경영자가 되기 어려운가?

A 그룹 회장은 "유능한 직원이 되기 위해서는 회계를 알아야 한다. 직장인이라면, 자신이 소속된 회사에서 자산의 업무가 어떠한 과정을 거쳐 기업의 전체 수익과 이익에 기여하는 지를 이해해야 한다. 이를 위해 직장인들은 회계 언어를 이해하고 회계 언어로 표현할 수 있는 회계 지능을 갖추어야 한다. 회계적 언어로 표현된 경영정보를 신속하고 정확하게 이해할 수 있어야 경영자로 회사가 필요로 하는 경영 의사결정을 훌륭히 수행할 수 있다."고 하였다. 그는 "회계 정보의 전달 수단인 재무제표 등을 보는 직원은 회사의 임원으로 승진할 자격이 부족하

다." 평가하였다.

B 그룹은 일반부서 직원들이 회계를 통한 의사소통 기능을 향상시키는 교육을 의무적으로 참여하도록 한다. B 그룹은 근무하는 부서, 본인의 전공 등과 관계없이 회사의 대리 승진 시험의 필수 과목으로 회계를 지정하고 있다. B 그룹이 회계를 대리 승진시험의 필수과목으로까지 지정한 것은 회사의 중견간부 이상이 되기 위해서는 회계를 이해하고 활용하는 능력을 갖추어야 한다고 평가하였기 때문일 것이다.

"마케팅 부서의 유능한 경영자가 되려면, 회계를 반드시 알아야 하는가? 그렇다!" 광고, 홍보 등 마케팅 활동에는 많은 돈이 필요하다. 마케팅 전략 수립을 위해서는 판매할 상품 및 서비스, 고객에 대한 분석뿐 아니라, 회사의 재무상황도 고려해야 한다. 마케팅 결과에 따른 매출, 이익의 증가와 마케팅에 필요한 비용 등을 비교하여 효과적이고 실현가능한 마케팅을 수행하여야 한다. 이를 위해서는 회계에 대한 이해가 필요한 것이다. '회사 돈이 아닌 내 돈을 주고도 실행할 수 있는 마케팅 전략인가?'를 이해하는 회계 지능을 갖출수록 유능한 마케팅 직원, 경영자가 될 것이다.

3. 회계는 이야기이다

"회계는 이야기이다. 회계는 기업 비즈니스 활동에 대한 이야기(회계 대상이 국가, 정부 등이라면 경제활동에 대한 이야기)이다. 회계는 회계 수치를 통해 기업 경영활동의 목표 및 그 결과 등을 다양한 독자(이해 관계자)들에게 간단 명료하게 전달하는 유용한 이야기이며, 정보이다."

3-1. 회계는 이야기(story)이며, 회계정보 전달자는 이야기 꾼(story teller)이다

회계는 이야기이다. 회계는 기업 비즈니스 활동에 대한 이야기(회계 대상이 국가, 정부 등이라면 경제활동에 대한 이야기)이다.

기업을 예로 들면, 회계는 '기업이 주주로부터 얼마만큼의 투자를 받아 기업을 설립하였으며, 얼마만큼의 물건을 팔아서, 그 가운데 남은 돈이 얼마이고, 얼마를 주주에게 돌려주었는가' 등에 대한 이야기이다. 회계는 '기업 총자산 매출액 등 기업의 크기 이야기, 기업 일인당 또는 자산규모 대비 매출액 등 기업의 생산성 이야기, 물건을 팔아 얼마의 이익을 만들었는가' 등 기업의 이익, 수익성 등에 대한 이야기이다.

회계는 '기업의 부채로 지급하는 이자비용이 기업의 영업이익을 상회하는가' 등 기업 재무구조, 위험에 대한 이야기이기도 하다. 기업의 수출이 많거나, 외화 자금 조달이 많아서, 환율 변동성과 밀접한 관련성이 있다는 이야기 등도 회계를 통해 알 수 있다.

이와 같이 기업(회계대상이 기업인 경우) 등에 대한 이야기가 회계이며, 기업 등(회계대상)에 대한 다양한 정보가 회계 이야기를 통해 전달된다. 따라서 기업 등 회계대상에 대한 다양한 정보가 회계로 구성된 이야기로 전달될 수 있다. 이와 같은 회계 이야기로 전달되는 회계정보에 근거하여 투자자, 채권자, 경영자 등 회계정보이용자들은 보다 유용한 의사결정을 수행할 수 있는 것이다.

3-2. 회계 이야기는 어떻게 만들어지나?

첫째, 회계 이야기는 구체적 수치와 함께 등장한다. 여러분은 다음 두 가지 이야기 가운데 어느 이야기가 더 가치 있는 정보라고 생각하는가?

① A전자는 지난해 어려운 세계경제 환경에도 불구하고 최고의 한 해를 보냈다. ② A전자는 지난해 매출 100조라는 사상 최대 실적을 기록하는 가운데, 영업이익도 10조라는 높은 실적을 달성하는 등 어려운 세계경제 환경에도 불구하고 최고의 한 해를 보냈다. 아마도 대부분 사람들은 A전자에 대한 ②번의 이야기가 가치가 있는 정보라고 판단할 것이다.

왜 그렇게 생각할까? ②번의 이야기가 수치를 포함한 구체적 정보를 이야기하고 있기 때문이다. ②번의 이야기가 바로 회계로 만들어진 이야기이다. 회계는 회사 경영상황에 대해 회계로 만든 수치를 이용해서 이야기를 만들어 정보를 전달한다.

둘째, 회계 이야기는 기업 정보에 관심 있는 사람들(이해관계자)을 위해 정보를 생성하고 전달한다. 회계는 기업 등에 관심 있는 독자(이해관계자)가 합리적 의사결정을 할 수 있도록 유용한 정보를 제공한다. 회계는 기업 경영활동을 기록하여 축적된 정보이며, 기업에 대한 여러가지 활동, 재무상태, 경영성과 등을 측정하여 독자(이해관계자)들에게 전달하는 정보체계이다.

셋째, 회계 이야기는 독자(이해관계자)들이 이해하고 또한 기억하기 쉽게 간단하고 명료한 숫자를 제공한다. 스포츠 게임을 관람하는 팬들은 스포츠 게임에 대한 정보를 숫자로 받아들일 때, 이해하기 쉽고 명료하게 받아들인다. 스포츠 팬과 같이 기업 정보에 관심 있는 독자(이해관계자)도 기업의 비즈니스 게임에 대한 다양한 정보 및 결과 등을 간단 명료한 숫자로 전달되길 희망할 것이다.

수치로 표현된 캐치 프레이즈 등의 표현은 종업원에게 경영성과 목표를 제시하거나, 향후 기업의 경영성과 목표 등을 투자자 등에게 설명할 때 유용하게 사용할 수 있다. 예를 들어 '3/30, 3/50과 같은 캐치 프레이즈를 통해 3년 이내 30%(또는 50%)의 신제품 매출 비중을 제시하겠다.' 등의 성과목표를 종업원 또는 투자자 등이 기억하기 쉽게 전달할 수 있다.

배당을 받는 투자자, 성과급을 받는 경영자 또는 종업원 등도 수치로 제시된 목표와 연계한 주가의 상승을 기대하거나 예상가능한 성과급 또는 배당 크기 등을 쉽게 이해할 수 있을 것이다.

회계는 회계 수치를 통해 기업 경영활동의 목표 및 그 결과 등을 다양한 독자(이해 관계자)들에게 간단 명료하게 전달하는 유용한 이야기이며, 정보이다.

3-3. 유능한 경영자는 회계 이야기 story teller

유능한 경영자일수록 복잡한 회계 수치를 이야기로 바꾸어 전달(story telling)하는 데 뛰어난 능력을 보여 준 사례들이 있다. 애플의 창업자, 스티브 잡스는 회계를 이야기로 전달하는데 뛰어난 재능을 보였다. 그는 애플에 대한 투자자 설명회 등에서 애플에 대한 복잡한 회계정보를 이미지로 만들어 이야기처럼 설명하는 데 뛰어난 능력을 보인 것으로 유명하다. 스티브 잡스가 전달하는 회계 이야기는 애플에 대한 주주의 이해를 제고시키는 등 투자자들의 관심을 유발하였다.

스티브 잡스가 애플에 대한 유명한 스토리텔러(story teller)가 될 수 있었던 것은, 그가 회계를 잘 이해하였기에 가능하였다. 회계에 대한 풍부한 지식과 이해력이 있었기에 스티브 잡스는 애플의 실적을 이미지로 만들고 이를 이야기로 엮어서 투자자들이 이해하기 쉽게 전달할 수 있었다.

애플 실적에 대한 회계 이야기는 애플 회사뿐 아니라 애플과 연관된 납품업체 등 관련 회사들의 실적을 이해하고 예측하는 데에도 중요한 연관성이 있다. 예를 들어 애플의 부품을 제작하여 납품하는 회사의 주가도 애플 실적에 대한 정보를 담고 있는 애플에 관한 회계 이야기가 많은 영향을 미쳤을 것이다. 기업에 대한 회계 이야기는 비단 주식 투자자뿐 아니라, 기업의 직원, 경영자, 소비자 등 기업 회계와 관련한 다양한 이해관계자들 모두에게 많은 관심을 유발한다.

스티브 잡스는 회계정보를 이해하고 이야기로 전달하는 수준에 머무르지 않고, 미국 회계기준 및 해석 등의 수정을 위해 회계당국에 문제점을 제기하여 수정한 사례로도 유명하다. 그는 회계, 경영 전공자가 아닌 엔지니어 출신이었음에도 불구하고, 회계에 대한 이해도가 높은 회계전문가 수준의 경영자였던 것이다.

잡스가 애플 최고 경영자 시절, 미국 회계기준은 신제품 개발 관련 이익이 발생할 경우, 향후 업그레이드 비용을 감안하여, 이익을 한 번에 인식하지 않고 여러 회계기간에 걸쳐 분산해서 인식하도록 하고 있었다. 따라서 애플이 신제품을 지속적으로 개발해서 많은 수익과 이익을 창출하더라도 당해연도 회계실적 등에 즉각 반영되지 않고 있었다. 잡스는 이러한 회계기준이 신제품 개발이 지속적으로 발생하는 애플과 같은 기술 혁신 기업의 성과를 왜곡시키는 문제점이 있다고 지적하였다.

미국 회계기준위원회는 잡스의 이러한 주장의 타당성을 인정하고, 신제품 개발 관련 수익 또는 이익을 발생 연도에 한 번에 인식할 수 있도록 회계기준을 변경하였다. 기업의 수익, 이익 등 기업 경영성과를 투자자 등 이해관계자에게 쉽고 정확하게 전달되기 위해서 기존의 회계기준을 수정해야 한다는 잡스의 주장을 미국 회계기준위원회가 인정한 것이다. 잡스의 회계에 대한 놀라운 이해력과 활용 능력은 미국 회계 당국을 설득할 정도였던 것이다. 이러한 회계기준 변경으로 애플의 실적은 시장으로부터 더욱 많은 관심을 받게 되었다. 스티브 잡스의 사례는 회계를 잘 이해하고 활용해야 유능한 경영자가 된다는 것을 알려준다.

4. 복식부기 이야기

"회계는 두 개의 칸에 거래를 기록하는, 이른바 복식부기(**複式簿記**, dual entry bookkeeping) 원리로 기록한다. 복식부기에 의한 회계기록은 자산, 부채, 자본 등 기업 재산에 영향을 미치는 모든 거래를 대상으로 하고 있다. 복식부기에 의해 기록되는 회계는 재산이 변화한 원인과 그 결과를 함께 기록하여 관련 현황 및 변화에 대한 정보를 제공한다. 따라서 오늘날에 영리행위를 하는 기업뿐 아니라 비영리 공공단체 등도 복식부기에 기반한 회계를 작성하고 있다."

4-1. 회계 vs 가계부

여러분은 가계부를 작성해 본 경험이 있나요? 어떠한 경우에 가계부 작성이 필요하다고 생각하나요? 아마도 목표하는 목돈을 마련하기 위한 저축이 필요하다고 생각할 경우에 가계부 작성의 필요성을 느꼈을 것이다. 알뜰한 살림꾼들은 가계부 기록으로 수입대비 지출을 분석하고 효율적 저축을 위해 노력한다. 내가 목표로 하는 목돈을 마련하기 위해 어떠한 점을 개선하고 노력해야 하는지를 점검하기 위해 나의 수입, 지출을 가계부에 기록하고자 할 것이다.

회계도 가계부와 같이 돈의 입출 상황에 근거하여 거래를 기록하며, 어떠한 목표를 위해 존재한다는 점에서 유사성이 있다. 돈의 수입, 지출 기록을 통해 돈의 흐름이 제대로 돌아가고 있는지를 파악한다는 점에서 회계와 가계부는 공통점을 가진다. 회계와 가계부는 수입대비 지출을 기록하여, 수입보다 지출이 많은 경우의 적자, 수입이 지출보다 많은 경우의 흑자 등의 정보를 제공하는 점에서 공통점이 있다.

그러나 회계는 가계부와 달리 (기업회계기준과 같은) 여러 가지 작성 기준 등이 존재하며, 이를 따라야 하는 점에서 가계부와 차이점을 가진다. 가계부는 가계부를 작성하는 자신에게만 보여주는 비밀의 정보이거나 또는 소수의 가족 구성원 등으로 제한된 관계자들에게만 보여 줄 목적으로 작성하는 경우가 많다. 그러나 회계는 주주, 채권자, 정부, 종업원 등 회계보고대상(기업 등)의 경영활동 등에 관심을 가지는 기업의 이해관계자들에게 보고하는 것이 주된 목적이다. 회계는 많은 이해관계자들에게 정보를 제공해야 하므로 일정 기준에 따라 작성 및 보고되어야 한다. 이에 반해 가계부는 자기 자신 또는 소수의 관계자들에게 정보를 제공할 목적으로 작성하므로 엄격한 작성 기준을 요구할 필요가 없다.

회계와 가계부는 기록의 중심에서도 차이가 있다. 가계부는 현금의 지출과 수입을 기준으로 현금의 흐름에 따라 작성하는 반면, 회계는 거래의 발생을 중심으로 기록 작성한다. 가계부는 과거의 거래 또는 미래의 거래라 하더라도, 현재 현금의 수입과 지출 여부가 기록의 판단이 된다. 이에 반해, 회계는 현재 현금 수입과 지출이 없더라도 거래를 기록한다. 회계는 현재가 아니더라도 미래 현금흐름을 증가시키거나 감소시키는 거래도 기록 대상으로 한다.

가계부는 '현금 수입－현금 지출 = 현금 잔액'의 형태로 거래를 기록한다. 가계부는 하나의 칸에 거래를 기록하는 점에서, 단식부기(單式簿記, single entry bookkeeping)로 기록하는 대표적 사례이다. 가계부, 용돈기입장 등이 모두 단식부기 방식으로 기록된다.

그러나 (현대 대부분 기업 등에서 작성하는) 회계는 두 개의 칸에 거래를 기록하는, 이른바 복식부기(複式簿記, dual entry bookkeeping)원리로 기록한다.

가계부와 같은 단식부기에서는 현금이 들어오고 나가는 현금의 수입, 지출을 인식할 뿐, 자산 및 부채의 개념이 나타나지 않는다. 가계부 등의 기록방식인 단식부기는 자산, 부채를 인식하지 않으면서 현금의 수입, 지출만을 표기하므로 단식부기에서 제공하는 정보는 제한적이라는 한계가 있다.

이에 반해, 복식부기에 의한 회계기록은 자산, 부채, 자본 등 기업 재산에 영향을 미치는 모든 거래를 대상으로 하고 있다. 복식부기에 의해 기록되는 회계는 재산이 변화한 원인과 그 결과를 함께 기록하여 관련 현황 및 변화에 대한 정보를 제공한다. 따라서 오늘날에 영리행위를 하는 기업뿐 아니라 비영리 공공단체 등도 복식부기에 기반한 회계를 작성하고 있다.

4-2. 베네치아 상인은 왜 복식부기를 필요로 했나?

복식부기는 14세기 이탈리아 베네치아 상인이 발명하였다. 현금의 수입, 지출 그리고 잔액만 기록한 단식부기 형태의 장부가 개선 발전된 것이 복식부기이다.

14세기 당시 베네치아 상인들은 장거리 무역 운송 등을 통해 수익이 발생하고 그 결과를 투자자들에게 배분하는 형태의 사업을 영위하였다. 베네치아 상인의 사업 거래를 기록하고 그 결과를 보고하는 데에는 단식부기는 한계가 있었다. 당시 베네치아 상인의 무역 항해와 운송은 동양과 서양을 넘나들며 수 개월 또는 수 년에 걸쳐 발생하였는데, 금고 안에 있는 현금관리를 위한 단식부기 거래 기록방식으로는 이러한 장기간의 항해 운송 거래를 기록하여 보고 하기에는 한계가 있었다.

장기간의 장거리 무역거래와 운송 등에서 구매 시점과 판매 시점이 다른 물건을 대응시키고, 예상되는 이익 등을 기록하고 예측하기 위해서는 새로운 형태의 거래 기록과 보고가 필요하였다.

또한 장기간 장거리의 무역과 항해를 위해서는 외부로부터 자본과 운송할 물건의 모집이 필요하였다. 장거리 장기간 무역 항해에 투자한 투자자들은 무역 항해로부터 발생하는 이익의 배분에 많은 관심을 가졌다. 베네치아 상인에게 자본을 투자하거나, 운송할 물건을 맡긴 투자자들은 무역거래, 그리고 그 결과 배분받을 이익에 대해 정확하고 유용한 정보를 얻기를 희망하였다. 이러한 자본주의 형태의 거래를 기록하고 유용한 정보를 제공하기 위해서는 새로운 형태의 기록과 보고가 필요하였다.

장거리 항해의 발전과 더불어 베네치아의 경제는 빠른 속도로 발전하였다. 베네치아 상인들의 거래 규모와 횟수가 증가하면서, 장부에 기록할 필요가 있는 정보는 더욱 많이 증가하였다. 현금입출금 기록 위주이 단식부기는 거래 횟수가 작고 소규모 금액의 거래 기록에는 큰 불편함이 없다. 그러나 베네치아 상인들의 거래와 같이 거래 규모가 크고, 거래 횟수도 빈번히 발생하는 거래를 기록하고 그 결과를 보고하기에는 현금입출금 기록 위주의 단식부기로는 한계가 있었다.

베네치아 상인들의 거래에는 현금 거래가 아닌 외상거래 기록의 비중도 증가하였다. 또한 투자자들로부터 받은 자본의 변화와 흐름 그리고 투자자들에 대한 배분에 대한 기록과 관리의 중요성도 증가하였다.

베네치아 상인들의 장기간 장거리 무역거래의 발전으로 인해 증가한 거래 횟수와 규모의 증가, 항해에 필요한 자본의 모집과 그 결과에 따른 배분, 현금이 아닌 외상거래 비중의 증가 등은 베네치아 상인들로 하여금 새로운 복식부기 장부 기록법을 만들게 한 원동력이 되었다.

4-3. 복식부기는 차변, 대변에 거래 내용을 기록

이태리 수도승이자 수학자인 파치올리(Pacioli)는 베네치아 상인들의 장부 기록법을 분석 정리하여 현재 복식부기(複式簿記)의 틀을 마련하였다. 거래의 내용을 한 개의 칸에 기록하는 단식부기(單式簿記)와 달리, 복식부기(複式簿記)는 차변(借邊, Debit), 대변(貸邊, Credit)이라는 두 개의 칸에 거래 내용을 기록한다. 거래 발생 내용을 차변, 대변에 동시에 기록하므로, 거래 기록의 오류를 발견하는 데에도 유용하다.

〈복식부기(複式簿記) 차변(借邊, Debit), 대변(貸邊, Credit) 유래〉

복식부기(**複式簿記**)가 만들어지는 시점에는 대부분의 거래가 현금을 이용한 거래였다. 오늘날과 같이 신용을 이용한 거래 등은 흔하지 않았다. 돈을 빌리면(**借入**) 돈이 들어오므로, 돈이 들어오는 거래의 내용을 기록하는 곳을 차변(**借邊**, Debit)이라고 지칭하였다. 반대로 돈을 대여(**貸與**)하면 돈이 나가므로, 돈이 나가는 거래의 내용을 기록하는 곳을 대변(**貸邊**, Credit)이라고 부르게 되었다.

따라서 거래를 통해 현금이 들어오는 내용을 차변(**借邊**, Debit)에 기록하였으며, 반대로 거래를 통해 현금이 나가는 내용을 대변(**貸邊**, Credit)에 기록하였다. 복식부기(**複式簿記**)에서 차변(**借邊**, Debit)은 현금이 증가하는 거래항목과 금액을 기입하는 곳의 명칭이 되었다. 대변(**貸邊**, Credit)은 현금이 감소하는 거래항목과 금액을 기록하는 곳의 명칭이 되었다. 따라서 현금 증가 관련 항목과 금액은 차변(**借邊**, Debit), 현금 감소 관련 항목과 금액은 대변(**貸邊**, Credit)에 기록하였다.

4-4. 복식부기는 자본주의 발전을 촉진

복식부기는 기존 단식부기와 비교해 기록해야 할 거래의 기간이 길고 횟수가 많을수록 유용한 회계기록 방법이다. 복식부기는 장기간에 걸쳐 원거리를 항해하는 무역상들의 거래를 기록하여 보고하여 무역상의 거래에 투자하는 투자자들의 의사결정에 유용한 정보를 제공하는 수단이었다.

복식부기의 발전은 자본주의 거래에 대한 유용한 정보를 제공함으로써 자본주의 발전을 촉진하였다. 자본주의 발전에 따라 사업규모의 확대와 거래의 복잡성 증가에도 불구하고 복식부기에 의해 기록된 회계는 투자자들의 의사결정에 유용한 정보를 제공하였다. 복식부기 회계의 탄생과 발전은 자본주의 경제질서와 합리적 사고의 발전에 기여하였다.

괴테는 자본주의 발전을 촉진시킨 복식부기의 기능성과 편리성을 강조하면서, "인류의 지혜가 낳은 가장 위대한 발명 중 하나가 복식부기이다(The double entry is one of the finest inventions of human mind)."라고 평가하였다.

복식부기 도입 이후, 회계는 단순한 이익을 계산하는 수준의 도구가 아니라, 기업 생산비용과 원가의 측정, 기업 이익 창출을 위한 투자의사결정 등 사업 전반에 걸친 경영의 언어로 자리를 잡게 되었다. 회계는 기업의 현재와 미래의 시장흐름을 이해하기 위해 필요한 비즈니스 언어가 되었다.

복식부기 도입 이전의 회계는 국가가 세금을 징수하는 수단 측면에 불과하였다. 자본주의 시장경제 발전과 더불어 발전한 복식부기 기반의 회계는 기업 등에 대한 회계의 정보제공 기능을 발전시켰다. 회계로 인한 기업 등에 대한 정보제공 기능의 발전은 자본시장에 제한된 자본을 효율적으로 배분시키는 시장에서의 가격(보이지 않는 손)의 기능을 강화하였다.

4-5. 정부 재정위기와 복식부기 정부회계

정부는 수입 예산 추정에 의거하여, 지출 예산을 수립하고 집행한다. 따라서 우리나라를 포함한 대부분 국가들은 과거 정부의 예산과 회계를 현금주의 회계로 예산을 수립하고, 지출 운영한 결과를 현금주의 회계로 보고하였다.

그러나 현금주의 정부회계는 당해연도 현금의 수입과 지출 중심의 회계이므로, (정부가 계속 존속한다고 가정한다면 인식하여야 할) 미래정부 부담 장기부채 등을 정확히 반영하지 못하는 단점을 가지고 있다.

따라서 현금주의 정부회계는 현금성 복지 재정지출 등이 확대될 경우 발생하는 정부의 부채 누증과 이로 인한 미래 정부에서 발생 가능한 재정위기 가능성을 낮게 평가한다. 현금주의에 기반한 정부재정 회계는 현재의 과도한 복지지출이 미래 국가의 부채부담을 증가시키는 문제에 대한 정치권 및 국민들의 인식 부족을 초래시킬 수 있는 단점이 있다.

그리스는 정부재정 위기를 경험한 대표적 국가이다. 그리스는 정부재정 위기가 발생하기 이전에 현금흐름에 기반한 정부회계를 운영하였다. 그리스의 과도한 복지지출의 확대, 연금 적자 등은 미래 정부의 부채로 연결됨에도 불구하고, 그리스 정부의 현금주의 재정회계(현금주의 재정회계에서는 현재 시점의 재정 지출과 수입에 초점)에는 이러한 미래 부채부담 증가 등이 제도로 반영되어 보고되지 않았다.

현금주의 정부회계에서의 단기적 시각에 사로잡힌 그리스의 정치권과 국민들은 그리스의 정부부채를 과소하게 평가하였다. 그 결과 그리스는 정부재정의 디폴트를 선언하는 위기를 맞이하게 되었다. 그리스는 2008년 금융위기 이후 경제성장률 하락과 실업률이 증가하면서, 이를 타개하기 위한 정부의 재정지출 증가가 정부부채비율 증가로 이어졌다. 그리스는 2010년, 11년 2차례에 걸쳐 국제통화기금으로부터 구제금융을 받으며 정부재정의 디폴트를 선언하게 되었다. 그리스는 현금흐름 재정회계를 운영하면서, 과도한 복지지출 및 연금부족 등에 대한 미래의 재정부채 부담을 과소하게 평가한 것이 정부재정 위기의 원인 가운데 하나로 평가받고 있다.

그리스는 재정위기 발생이후 정부재정 회계 개혁을 단행하였다. 기존의 현금흐름 중심의 정부재정 회계에서 탈피하여 복식부기 중심의 정부재정 회계를 도입하였다. 그 결과 그리스는 중장기적이고 미래 지향적 관점에서 정부부채를 관리하는 체제로 변화하였다.

우리나라도 2009년부터 현금주의 회계에서 발생주의 및 복식부기에 기반한 정부회계로 전환하였다. 우리나라 정부의 복식부기 회계 도입은 국가 재정의 자산 및 부채를 중장기적 관점에서 평가함으로써 국가회계의 투명성과 신뢰도 제고에 기여한 것으로 평가받고 있다.

한편 우리나라도 최근 비가역성 복지 재정지출이 지속적으로 증가하고 있으며, 각종 공적연금, 건강보험 등의 적자 전환 등으로 미래 정부부채의 지속적 증가가 우려되고 있는 실정이다. 발생주의에 기반한 정부재정 회계 보고를 엄격히 적용하고 그 결과에 대한 공시와 보고를 충실히 이행하여야 할 것이다. 미래 정부부채 누증에 따른 정부 재정위기가 발생하지 않도록 정부의 적자 재정을 방지하기 위한 국민, 국회, 정부 모든 주체의 관심과 노력이 필요할 것이다.

5. 회계기준에 관한 이야기

"회계기준(accounting standards)은 경영자가 기업활동을 측정하고 재무제표를 작성할 때 준수해야 할 규범이다. 경영자는 회계기준에 의거하여 회계정보를 작성하여 투자자, 채권자, 소비자 등 이해관계자에게 제공한다. 투자자, 채권자 등 이해관계자는 제공되는 회계정보에 의거해 합리적 의사결정을 한다."

5-1. 사회 제도로 정착한 회계기준

근대이전 회계는 국가가 세금을 징수하는 수단으로 사용되었다. 회계는 복식부기 도입이후 사회의 제도로 정착하기 시작하였다. 16~17세기 프랑스와 독일에서는 회계장부에 대한 법령이 생겨났으며, 기업 효율성, 투명성 등에 대한 법적 규제가 마련되면서 기업회계가 사회제도로 정착하였다.

기업 등이 작성하여 보고하는 회계는 일정 기준에 따라 작성되도록 되어 있다. 가계를 위해 작성하는 회계(예: 가계부 등)는 일정한 기준을 따르지 않을 수 있다. 그러나 투자자 등에게 유용한 회계정보로 제공되기 위해서는 회계는 일정한 기준(예: 기업회계기준 등)에 의거 동일하게 작성되어야 한다.

기업에 대한 회계정보를 생산하는 방법 및 기준에 대한 합의나 규제 없이, 기업의 경영자에게 회계정보 생산 방법을 일임하면 어떻게 될까? 경영자들이 기업의 실상을 그대로 알려줄 것이라는 보장이 없고, 정보

생산 방법에 차이가 있어 회계정보 이용자들의 기업간 비교가 어려워질 것이다. 투자자가 A, B 두 회사 가운데 한 군데를 선택하여 투자를 하는 경우를 생각해보자. 투자자는 두 회사를 비교하여 판단하여야 하는데, 두 회사가 제공하는 회계정보의 작성 기준이 다르다면 투자자는 합리적인 투자 의사결정을 하기 어려울 것이다.

회계정보 대상인 기업 등의 활동을 효과적으로 측정하기 위해서는 회계정보 생산 방법을 체계화할 필요가 있다. 즉 국가적 차원에서 회계기준(accounting standard)을 제정하여 모든 기업들이 이를 준수하게 하여야, 기업들에 의해 제공되는 회계 정보가 자본주의 발전에 기여하는 본연의 역할과 기능을 충실히 이행할 수 있을 것이다.

회계기준(accounting standards)은 경영자가 기업활동을 측정하고 재무제표를 작성할 때 준수해야 할 규범이다. 경영자는 회계기준에 의거하여 회계정보를 작성하여 투자자, 채권자, 소비자 등 이해관계자에게 제공한다. 투자자, 채권자 등 이해관계자는 제공되는 회계정보에 의거해 합리적 의사결정을 한다.

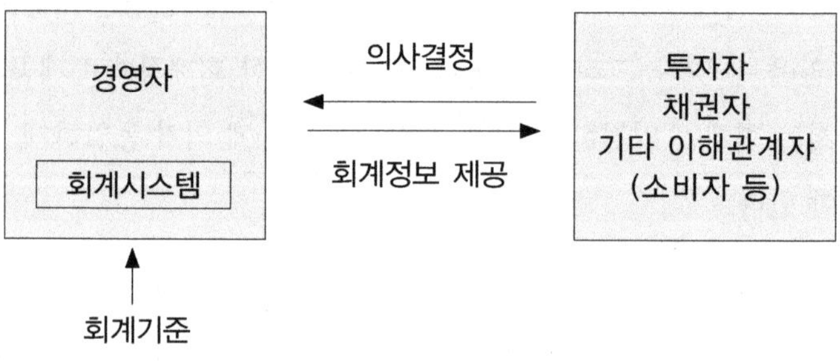

[그림 4] 회계기준과 회계정보

회계는 기업 등 투자대상에 대한 유용한 정보 제공을 통해 자본주의가 제대로 작동하는데 중요한 역할을 하고 있다. 회계는 기업 등의 과거, 현재 상황을 파악하고 미래 예측에 유용한 정보를 제공함으로써 투자자들의 의사결정에 도움을 준다. 회계정보에 의거한 투자자들의 효율적 의사결정은 자본주의 시장에 제한되어 있는 자본이 효과적으로 배분되는 결과를 만들어낸다.

회계는 자본주의 시장에서 주가, 금리 등 시장에서의 가격(보이지 않는 손) 기능 제고에 기여한다. 회계에 의해 시장의 가격이 제기능을 수행함으로써, 시장의 제한된 자원(자본)이 효율적으로 배분되기 쉽다. 따라서 자본주의가 효율적으로 기능하기 위해서는 회계가 사회적 제도로서 기능할 수 있도록 제도적 뒷받침을 마련하는 것이 중요하다.

5-2. 회사 규모, 상장여부 등에 따라 다른 회계기준

우리나라는 회계의 국제적 신인도 제고를 위해 2011년부터 (한국식)국제회계기준(K-IFRS: Korean International Financial Reporting Standards)을 도입하였다. 한국 주식시장 가치 저평가(Korea Discount) 문제가 한국 회계의 국제적 신인도 저하에 있다는 지적이 제기됨에 따라, 이러한 문제 해결을 위해 (한국식)국제회계기준을 전격 도입하게 되었다.

상장기업, 금융기업은 (한국식)국제회계기준(K-IFRS)을 반드시 따라야 한다. 상장기업, 금융기업과 달리 비상장기업은 (한국식)국제회계기준(K-IFRS)을 따라야 하는 의무대상은 아니다. 비상장기업(중소기업 포함)은

(한국식)국제회계기준(K-IFRS)의 선택적 적용이 가능하다. 이는 (한국식)국제회계기준(K-IFRS) 회계처리가 어렵고 주석, 공시사항 등이 많아 비상장기업 또는 중소기업 등이 (한국식)국제회계기준(K-IFRS)을 따라야 하는 부담이 많으므로, 이를 경감하고자 의무 준수를 완화한 것이다. 비상장, 중소기업 등은 (한국식)국제회계기준(K-IFRS) 적용 대신 일반기업회계기준을 적용할 수 있다. 일반기업회계기준은 주식회사 등의 외부감사에 관한 법률(이하 외감법)에 의거 공인회계사 외부감사를 받는 기업 중에서 (한국식)국제회계기준(K-IFRS)을 적용하지 않을 경우에 적용 가능한 기업회계기준이다.

주식회사 등의 외부감사에 관한 법률(이하 외감법)은 일정 규모 이상의 요건을 갖춘 기업을 대상으로 하고 있다. 따라서 규모 등에 비추어 외감법 적용 대상이 아닌 (중소)기업의 경우에는 일반기업회계기준이 아닌, 중소기업회계기준을 따를 수 있다. 중소기업의 일반기업회계기준 준수 부담을 경감하기 위하여 중소기업을 위한 별도의 중소기업회계기준이 마련되어 있다. 주식회사라 하더라도 한국식 국제회계기준, 일반회계기준을 적용하지 않는 중소기업들은 중소기업회계기준을 적용할 수 있는 것이다.

상장여부, 기업규모 등에 따라 기업회계기준을 달리 적용 가능한 기준을 정리하면 다음 〈표 1〉과 같다.

〈표 1〉 상장, 규모 등에 따른 기업회계기준 적용 구분

구 분	한국식 국제회계기준	일반기업 회계기준	중소기업 회계기준
상장기업, 금융회사	○	×	×
비상장 외감기업	○	○	×
비상장 비외감기업	○	○	○

5-3. 국가별 다소 상이한 회계기준

기업 간 비교에 동일한 기준을 적용하기 위해 회계기준을 만들었다면, 글로벌 관점에서의 기업 비교를 위해서는 세계의 모든 국가들도 동일한 회계기준을 따라야 하지 않을까? 안타깝게도, 회계기준은 국가별로 차이가 있다. 물론 국가별 기본적인 회계원칙은 대략 비슷하며, 국가별 회계기준 차이는 통일화되는 경향을 보이고 있다. 그러나 현재 자국의 사정에 따라 다소 국가별로 차이가 있는 회계기준을 제정 운용하고 있다.

우리나라는 국가적 회계 신인도를 제고하기 위해 기존 우리나라 기업회계기준(K－GAAP: Korean Generally Accepted Accounting Principle) 내신 국제회계기준을 도입하여 적용하고 있다. 우리나라와 같이 국제회계기준(IFRS: International Financial Reporting Standards)을 적용하는 국가들 간에는 회계기준에 큰 차이가 없다고 할 수 있다. 그러나 국제회계기준을 따르지 않는 국가들, 예를 들어 미국은 국제회계기준과 다소 차이가 있는 미국회계기준(US－GAAP: United States Generally Accepted Accounting Principle)을 제

정 운용하고 있다.

한편 글로벌 무역거래, 투자거래가 활발히 진행됨에 따라 국제 회계기준과 차이가 있는 국가들의 회계기준들도 국제회계기준과의 차이가 감소하는 추세를 보이고 있다. 미국의 경우에도 장기적 관점에서는 국제회계기준(IFRS)를 도입하는 관점을 유지하고 있다. 미래에는 세계적으로 국제회계기준(IFRS)으로 통일화될 것으로 예상된다.

국제회계기준은 회계처리의 큰 원칙을 제시하면서, 세부 처리기준은 회계전문가의 자율적 판단에 의존하고 있다. 이와 같이 국제회계기준은 원칙주의 회계기준을 제시하므로, 국제회계기준을 따르는 국가들간에도 세부 회계처리 기준과 운용에서는 국가별로 해석에 다소 차이가 있다.

5-4. 회계기준과 외부감사 제도

기업들이 작성하는 회계정보가 본연의 역할과 사회적 기능을 제대로 하려면, 외부에서 기업의 회계정보를 이용하는 이해관계자(투자자, 채권자 등)들이 기업 내부에서 작성 보고하는 회계정보를 신뢰할 수 있어야 한다.

기업들의 회계정보 신뢰성 인증을 위해, 기업이 작성 보고하는 회계정보를 외부전문가로 하여금 감사(audit)를 받도록 하고 있다. 기업 외부에 있는 회계전문가들로 하여금 기업 경영자가 회계기준에 따라 재무제표 등 회계정보를 제대로 작성하였는지를 감사하게 하는 제도가 외부감사 제도이다. 기업이 작성한 회계정보에 대한 외부감사 결과를 바탕으로 회계정보 신뢰성에 대한 인증을 부여한다.

기업 규모가 일정 수준 이상인 기업들은 감사인에 의해 회계감사를 받고 감사보고서를 작성해야 하는 의무가 있다. 2025년 기준으로 ① 자산규모가 500억 이상이거나 매출액이 500억 이상인 기업, ② 자산 120억 이상, 부채 70억 이상, 매출액 100억 이상, 종업원 수 100명 이상의 4가지 요건 가운데 2개 이상을 충족하는 기업 등은 외부 감사를 의무적으로 받고 그 결과를 감사보고서로 작성하여 공시하도록 하고 있다.

5-5. 회계정보를 감사 인증하는 공인회계사

기업이 작성하여 외부의 회계정보 이용 수요자(투자자, 채권자 등)들에게 제공하는 회계정보를 감사하는 외부감사인을 공인회계사라고 한다. 공인회계사를 달리 CPA라고 하는데, 이는 Certified Public Accountant의 약어이다. 공인회계사는 외부 공공 회계사로, 기업 회계부서 등(사적 회계사: Private Accountant)이 작성한 회계정보(예: 재무제표 등)가 회계기준에 부합하여 신뢰성 있게 작성되었는지에 관하여 인증하는 역할을 수행한다.

따라서 공인회계사가 적정 의견을 표명한 회계정보(재무제표)는 신뢰할만한 수준의 회계정보라고 할 수 있다. 다음은 기업이 제공하는 재무제표에 대해 외부감사인으로 공인회계사가 인증하는 절차를 설명하는 그림이다.

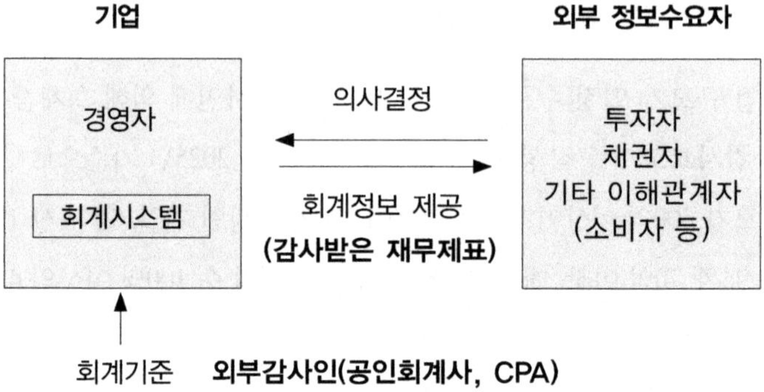

[그림 5] 기업 작성 회계정보(재무제표)가 공인회계사의 감사 인증을 거쳐 외부정보 수요자에게 제공됨

6. 자본시장 발전에 기여하는 회계

"기업에 대한 정확한 (회계)정보 제공은 자본시장에서의 공급자와 수요자 간의 정보비대칭성 문제를 감소시킨다. 회계는 자금수요자에 대한 신뢰성 있는 회계정보를 자본공급자에 제공한다. 회계는 자본공급자(투자자, 채권자 등)들의 자본시장에 대한 신뢰를 유지하게 하고, 자본시장의 기능이 원활하게 유지하는 데 중요한 기능을 수행한다. 회계는 자본시장에서의 제한된 자본이 효율적으로 배분되는 데 기여하는 사회 경제적 기능을 가지고 있다."

6-1. 정보비대칭성 문제란?

소비자(수요자), 판매자(공급자) 등 시장의 거래 당사자 가운데 어느 한 쪽만 거래 대상에 대해 정확한 정보를 가지고 있는 경우, 시장에서는 정보비대칭성이 존재한다고 한다.

레몬시장(Market for Lemon 또는 중고차 시장)을 예로 살펴보자. 레몬(또는 중고차) 시장에서 레몬(또는 중고차) 품질 등에 대한 정보를 판매자(공급자)는 정확히 알고 있는 반면, 소비자(수요자)는 정확히 모른다고 가정하자. 레몬 또는 중고차에 대한 품질을 정확히 모르는 소비자(수요자)들은 겉보기에 그럴듯해 보이는 것들이 좋은 레몬(또는 중고차)으로 판별할 가능성이 높다. 판매자(공급자)는 소비자(수요자)가 레몬(또는 중고차)에 대한 정확한 정보가 없는 점을 이용하여, 품질 등이 나쁜 레몬(또는 중고차)을 겉보기에 그럴듯하게 꾸며서 보다 높은 가격에 판매하려고 할 것이다. 결과적으로 레몬(또는 중고차)의 진정한 가치 또는 품질과 상관없이 겉보기에 그럴듯해 보이는 레몬(또는 중고차)이 공급되고 판매되는 시장이 정착될 것이다. 이처럼 정보 비대칭성이 존재하는 시장에서는, 소비자(수요자)가 원하지 않는 거래를 선택하게 되는 실패한 시장 거래가 형성될 가능성이 크다. 레몬(또는 중고차) 시장에서의 정보비대칭성으로 소비자(수요자)가 원하지 않는 잘못된 선택을 하게 되는 현상을 역선택(adverse selection)이라 한다.

정보비대칭성 문제는 주인(또는 본인, Principal)과 대리인(Agent)의 관계에서도 발생할 수 있다. 주인(또는 본인, 위탁자, 고용인)이 대리인(다른 사람, 위탁받는 자, 피고용인)을 통해 주인(또는 본인)의 일을 시키거나 위탁할 경우를 생각해 보자. 주인이 대리인의 행동을 정확히 관찰하지 못한다면, 주인과 대리인의 관계에 정보비대칭성 문제가 존재할 수 있다. 주인이 대리인의 행위를 제대로 파악하지 못하므로, 대리인은 주인이 원하는 대로 주인의 이익을 위해 행동하지 않고, 대리인 자신의 이익을 추구하는 행동을 할 가능성이 있다. 이러한 현상을 도덕적 해이(moral hazard)라 한다.

주인과 대리인의 관계에서 발생하는 문제 또는 비용이라고 하여, 대리인 문제 또는 대리인 비용이라고도 한다. 도덕적 해이(moral hazard)가 발생하는 근본적인 원인은 주인과 대리인의 이해관계가 일치하지 않기 때문이다. 주인과 대리인 사이의 도덕적 해이(대리인 문제 또는 비용) 문제를 감소시키기 위해서는 주인과 대리인이 추구하는 이해관계를 일치시키는 것이 필요하다. 예를 들어, 대리인의 업무 성과에 따라 성과급 또는 스톡옵션을 부여하는 것이 대리인의 도덕적 해이(대리인 문제 또는 대리인 비용)을 감소시키기 위한 방안들이다.

6-2. 자본시장에서의 정보비대칭성 문제

자본시상에서는 자금을 조달하려는 자금 수요자(예: 기업 등), 자금을 공급하려는 자금 공급자(예: 투자자)가 존재한다. 자금 수요자와 공급자 간에 정보비대칭성이 없다면, 위험성이 낮고, 성과가 양호한 양질의 자금 수요자들이 보다 저렴한 비용(금리 등)으로 자금을 공급받을 것이다.

그러나 자금 공급자가 자금 수요자에 대한 정보를 제대로 파악하지 못하는 정보비대칭성이 존재한다면, 자금 공급자가 잘못된 자금 공급을 선택하는 역선택(adverse selection)의 발생 가능성이 크다. 겉보기에 그럴듯하게 꾸며 놓은(부진한 성과, 위험 등을 감추고, 양호한 성과 낮은 위험 등으로) 자금수요자들이 저렴한 금리, 또는 높은 주가로 자금을 원활하게 조달하는 한편, 양호한 자금수요자들은 원하는 만큼의 충분한 자금을 조달하기 어려운 상황이 발생한다. 자본시장의 정보비대칭성 문제가 존재할 경우, 자금 공급, 조달이 이루어지는 단계에서 잘못된 차입자 등을 선택하는 자본시장에서 역선택(adverse selection) 위험이 증가한다. 자본시장에 정보비대칭성 문제가 존재한다면, 자본시장의 제한된 자본이 효율적으로 배분(공급)되지 않는 자본시장의 실패가 발생한다.

자본공급 및 조달 이후에도 정보비대칭성이 존재하는 경우에는, 자금의 공급자(투자자, 채권자 등)와 자금의 수요자(차입자, 채무자, 피투자자) 사이에 도덕적 해이(moral hazard) 문제가 존재한다. 자금조달 이후, 자금 공급자(투자자, 채권자 등)가 자금 수요자(기업 등)에 대한 잘못된 (경영)정보를 공급받는다면, 자금조달 과정에서의 자금수요자가 자금공급자에게 약속한 내용을 위반하면서 자금공급자의 이해에 상충되는 행위를 추구할 위험성이 있다.

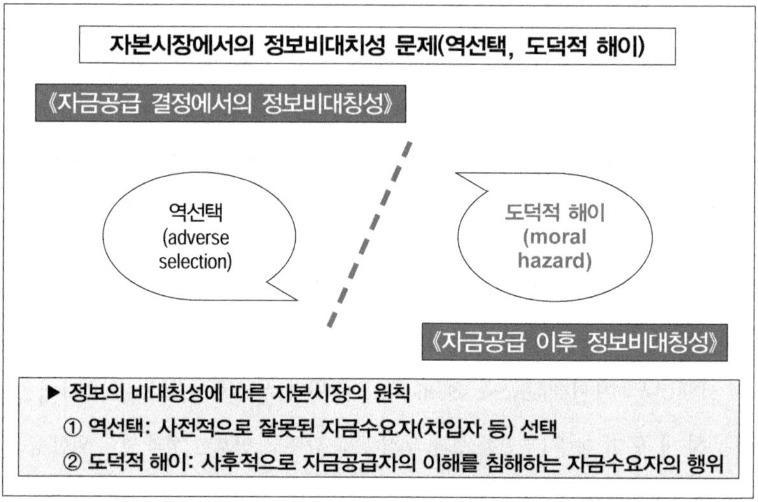

[그림 6] 자본시장에서의 정보비대칭성 문제

6-3. 자본공급과정에서의 역선택 문제 감소에 기여하는 회계

자본시장의 정보비대칭성 문제로 자금 공급자의 잘못된 투자의사결정이 발생하는 역선택 문제가 지속된다면, 자본시장의 신뢰성 및 기능저하 문제가 발생한다. 회계는 자본시장에서의 정보비대칭성 문제 감소를 통해 자금공급에서의 역선택 문제를 감소시킨다. 기업에 대한 정확한 (회계)정보 제공은 자본시장에서의 공급자와 수요자 간의 정보비대칭성 문제를 감소시킨다. 회계는 자금수요자에 대한 신뢰성 있는 회계정보를 자본공급자에 제공한다. 회계는 자본공급자(투자자, 채권자 등)

들의 자본시장에 대한 신뢰를 유지하게 하고, 자본시장의 기능이 원활하게 유지하는 데 중요한 기능을 수행한다.

자본공급자(투자자 등)는 신뢰성 있는 회계정보를 이용하여 우량기업과 비우량기업을 쉽게 판별한다. 회계는 자본공급 과정에서의 정보비대칭성(자본공급자의 역선택) 문제를 감소에 기여한다. 회계의 자본시장에서의 역선택 문제 감소 기여는, 자본시장에서 '보이지 않는 손(invisible hand)'인 가격(금리, 주가 등)의 기능을 제고시킨다. 자본시장에서의 가격(금리, 주가 등) 기능의 정상화는 자본시장에서 한정된 자본이 효율적으로 배분하게끔 한다. 회계는 자본시장에서의 제한된 자본이 효율적으로 배뷰되는데 기여하는 사회 경제적 기능을 가지고 있다.

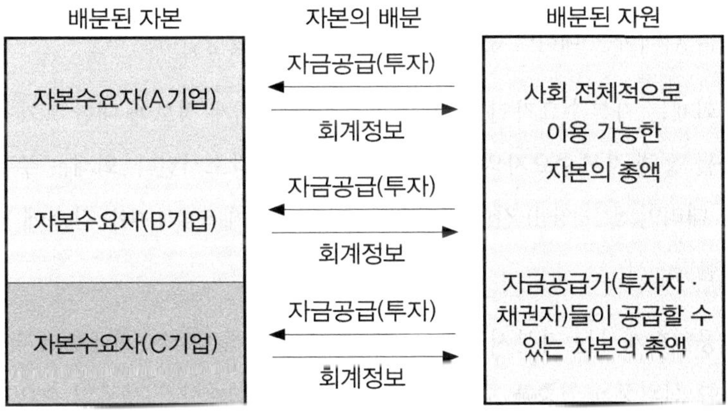

〈사회 전체적으로 A, B, C 3개 기업을 가정한 경우〉
자본시장의 역선택 문제 감소를 통해
자본시장의 효율적 자본배분에 기여하는 회계

[그림 7] 자본시장의 역선택 문제 감소에 기여하는 회계
(3개 기업이 존재한다고 가정한 경우)

위의 [그림 7]은 3개의 투자 대상 기업이 있는 경우를 예로 들어, 투자 의사 결정을 고민하는 자금공급자(투자자)들이 회계정보를 이용하여 합리적 자금공급(투자) 의사결정을 하는 과정을 보여주고 있다. 자금공급자(투자자)들이 신뢰성 있는 회계정보를 이용할수록, 투자자들이 가지고 있는 자원(자본)이 효율적으로 배분되는 것을 확인할 수 있다.

6-4. 자본시장의 도덕적 해이 문제 감소에 기여하는 회계

자본시장에서 자본공급 이후에도, 자금공급자(투자자, 채권자 등)와 자금수요자(기업 등) 간에 정보비대칭성이 계속 존재한다면, 자본시장에서 도덕적 해이 문제가 발생한다. 기업의 대리인(전문경영인 등)이 주주의 이해를 침해하는 대리인 문제(도덕적 해이) 문제가 발생한다.

회계는 자본수요자인 기업 등이 작성하는 회계 정보에 대한 회계감사를 통해 자본수요자의 도덕적 해이 문제를 감소시킨다. 회계는 주주와 대리인(전문경영인) 간에 존재하는 대리인 문제(도덕적 해이) 감소에 기여한다.

공인회계사는 자본시장에서 자본수요자가 작성하는 회계보고서에 대한 신뢰성을 인증해 주는 역할을 한다. 공인회계사가 자본의 수요자인 기업 회계정보에 대한 신뢰성을 인증해 주는 업무를 회계감사라고 한다. 공인회계사가 수행하는 회계감사는 기업이 제공하는 회계정보의 신뢰성을 제고하는데 중요한 역할을 한다.

회계감사를 통해 자본수요자(기업)가 작성한 회계정보(재무제표)에 신뢰성을 부여함으로써 자본공급자(주주 등)가 가지고 있는 자본수요자(기업 등)에 대한 정보비대칭 문제를 완화시킨다. 회계감사에 의한 회계정보(재무제표)의 신뢰성 부여는 자본시장에서의 공급자와 수요자 간에 존재할 수 있는 도덕적 해이(대리인 문제) 문제 감소에 중요한 역할을 한다.

구체적으로 공인회계사의 회계감사는 기업이 제공하는 회계정보(재무제표)에 대한 감사의견(audit opnion)을 표명한다. 감사의견은 적정, 한정, 부적정, 의견거절로 구분한다. 공인회계사의 회계감사로부터 적정 의견을 받지 못하는 기업 회계정보(재무제표)는 신뢰성에 문제가 있다.

6-5. 자본시장 정보비대칭성 감소에 기여하는 회계관련 직업들

공인회계사 이외에도 자본시장의 정보비대칭성 감소에 기여하는 회계관련 직업들이 있다. 기관투자자 또는 펀드매니저들은 개별 투자자들로부터 투자액을 모집해서 개별투자자를 대신해서 간접투자를 수행한다. 기관투자자, 펀드매니저 등을 재무중개인이라고 한다. 재무중개인들은 개별 투자자들이 기업 회계정보를 이용하여 분석하는 시간과 노력을 줄여주며, 회계정보 제공자(자본 수요자)와 이용자(자본 공급자) 간의 정보비대칭성 감소에 기여한다.

애널리스트, 신용평가기관 등은 기업 회계정보를 이용한 분석결과 또는 보고서 등을 제공한다. 애널리스트, 신용평가기관들은 회계정보를 제공한다는 점에서 정보중개인이라고 불린다. 정보중개인(애널리스트,

신용평가기관 등)은 기관투자자, 펀드매니저처럼 투자를 위탁받아 투자를 대행하지는 않지만, 개별 투자자들이 회계정보를 이용한 투자의사결정에 도움을 준다. 정보중개인들은 회계정보를 이용한 다양한 분석결과와 보고서 등을 자본공급자(투자자)들에게 제공한다. 정보중개인(애널리스트, 신용평가기관 등)도 공인회계사, 기관투자자, 펀드매니저 등과 유사하게 자본시장에서의 정보비대칭성 감소에 기여한다.

회계정보에 대한 정보비대칭성이 존재할 경우, 자본시장에서 자금 수요와 공급이 시장에서 효율적으로 매칭되기 어렵다. 이러한 회계정보 불균형 또는 정보비대칭성에 의한 자본시장의 수급 불균형은 자본시장의 시장기능 실패를 초래할 수 있다. 기업이 제공하는 회계정보를 검증하여 신뢰성 등을 부여하는 회계감사인, 회계정보를 분석하여 제공하는 정보중개인, 개별투자자 대신 펀드 등을 운영하는 재무중개인 등은 자본시장에서 존재할 수 있는 회계정보의 비대칭성 감소에 기여한다는 점에서 유사성이 있다.

7. 회계, 쉽게 배우고 이용하자.

"여러분은 '쓰는 회계'가 아닌 '읽는 회계'에 중점을 둘 필요가 있다. 회계결과물로 회계정보를 담고 있는 재무제표를 읽고 해석하는 능력이 여러분들에게는 더 중요하다. 회계는 모든 거래를 숫자로 기록하고 표현한다. 회계는 거래 이면에 있는 돈의 흐름에 대한 정보이다. 여러분이 회계를 잘 읽고 이해한다면, 여러분들이 알고자 하는 기업 등 회계대상의 경영활동 및 거래 등에 대한 정보를 돈의 흐름을 통해 이해하게 된다."

7-1. 회계, 쉽게 배우자!

회계를 알아두면 도움이 된다는 것을 알지만, 많은 사람들이 회계를 쉽게 배우지 못하거나, 중도에 포기하는 경우를 흔히 볼 수 있다. 중고등학교에서 수학 포기자가 있듯이, 회계 전공과목이 많이 개설된 경영학과 등에서도 회계를 포기하는 학생을 볼 수 있다. 수학과 회계는 숫자로 되어 있고, 기초가 약하면 다음 단계의 내용을 이해하기 어렵고, 눈으로 보기보다는 손으로 쓰면서 공부를 해야 한다는 점에서, 수학과 회계는 공통점이 있다.

회계는 기초부터 차곡차곡 손으로 쓰는 공부를 통해 회계의 개념을 이해하고 재무제표 등 회계 정보를 작성하는 방법을 배운다. 회계 전문가는 회계 정보를 작성하고 보고해야 한다. 즉 회계전문가는 회계보고서를 작성하는 작가이면서, 다른 회계 작가의 오류 여부를 확인하고 수정하는 교열가이다. 따라서 회계전문가가 되기 위해서는 상당히 많은 시간이 걸리며, 이러한 회계전문가 양성 과정을 무작정 따라 하다가 지치거나 또는 회계포기자(혹은 회포자)가 되는 것이다.

그렇다고, 고급이나 중급 단계의 회계 개념 등을 포기하고, 초보 단계의 회계원리로는 여러 가지 실무에 등장하는 회계 개념을 모두 이해하기는 어렵다. 말 그대로 초보운전 수준에 머무르기 쉽다.

한편, 회계의 기본 개념에 대한 이해를 바탕으로 실무에서 많이 등장하는 회계의 개념 및 해석 등을 잘 이해하면, 회계 작성에서는 비전문가 초보일지 몰라도 회계보고서를 읽고 이해하는 독자로서는 초보 수준을 벗어날 수 있다.

회계는 수학과 같이 복잡한 공식이나 계산이 필요하지 않다. 회계전문가들이 특수 회계에서 다루는 일부 분야를 제외하고는, 회계는 덧셈, 뺄셈, 곱셈, 나눗셈 등의 초등학교 수준의 계산만 필요하다. 여러분들이 언론에서 접하는 회계나 일상생활 또는 투자활동 과정에서 마주치는 회계는 회계이론이나 작성방법보다는 회계관련 재무정보에 관한 낯설은 회계용어일 것이다. 따라서 여러분들이 회계용어의 개념을 정확히 이해하면서 기초적인 회계기록의 기본적인 원리를 이해한다면, 일상생활이나 투자 활동 등에서 마주하는 회계에서의 어려움은 크게 줄어들 것이다.

회계용어 개념을 이해하고 기초적인 회계기록 과정과 원리를 이해하면서, 자주 등장하는 회계정보를 활용하는 방법을 배우는 데 회계공부의 초점을 두어 보자. 회계를 모두 이해하는 것은 불필요하다. 내가 필요로 하는 수준의 회계정보(재무제표)를 읽고 이해하는데 노력을 기울여 보자.

여러분 대부분은 회계정보를 작성하는 작가가 될 필요는 없다. 회계정보를 만드는 과정에 관한 '쓰는 회계'를 배우는데 너무 많은 부담을 가지지 말자. '쓰는 회계'는 재무제표 등 회계정보 작성을 위한 회계 실무자, 전문가들의 영역이다. 투자자 등으로 일반적인 회계정보를 이용하려는 여러분들이 반드시 숙지해야 하는 영역은 아니라고 할 수 있다.

여러분은 '쓰는 회계'가 아닌 '읽는 회계'에 중점을 둘 필요가 있다. 회계결과물로 회계정보를 담고 있는 재무제표를 읽고 해석하는 능력이 여러분들에게는 더 중요하다. 회계는 모든 거래를 숫자로 기록하고 표현한다. 회계는 거래 이면에 있는 돈의 흐름에 대한 정보이다. 여러분이 회계를 잘 읽고 이해한다면, 여러분들이 알고자 하는 기업 등 회계대상의 경영활동 및 거래 등에 대한 정보를 돈의 흐름을 통해 이해하게 된다.

회계정보를 만들어 제공하는 '쓰는 회계'에 대한 영역을 여러분들에게 필요한 '읽는 회계' 능력 향상에 목표를 두고 학습하면 좋을 것이다. '쓰는 회계'의 기본 개념에 대한 학습을 통해 회계정보를 빨리 찾아내고 활용하는 능력 향상이 중요하다. 협의의 회계처리의 옳고 그름을 따지기 보다는 광의 관점에서 회계정보를 수집하고 회계정보 간의 상호관계 등을 이용하여 회계정보를 유용하게 해석하고 미래를 전망하는 능력의 향상이 중요하다.

어설픈 회계 영역의 작가가 될 것인가? 회계정보를 잘 읽고 이해하는 훌륭한 회계 독자가 될 것인가? 여러분들은 전문가 수준의 회계 독자라면 충분할 것으로 본다. 그러나 만약에 회계전문가 또는 실무자로서 회계정보를 생산하고 보고하는 전문가가 되려고 한다면, 베스트셀러 회계 작가가 되도록 노력해야 할 것이다. 예를 들어, 공인회계사 자격을 취득하기 위해 회계를 공부하는 것은 회계 작가의 길을 가기 위해 훈련을 하는 것이다. 그러나 여러분이 훌륭한 주식 및 채권 투자자, 경영자, 직원, 소비자, 애널리스트 등이 된다면, 해당 분야의 필요 수준에 맞추어 회계를 배우고 활용하는 능력을 갖추는 것이 오히려 중요하다.

작가가 되기 위해 '쓰는 회계'를 공부하는 것도 중요하지만, 회계를 읽고 이해하고 활용하는 '읽는 회계'의 능력 향상에도 많은 노력을 기울이는 것도 필요하다.

읽는 회계에서는 완성된 재무제표 등 완성된 회계정보의 구성과 특징, 재무제표에 등장하는 용어, 개념 그리고 재무제표 간의 상호 연계 등을 활용하여 회계정보를 추출하고 해석하는 것이 중요하다.

따라서 여러분들이 재무제표 또는 재무제표 간의 용어, 개념을 적절히 활용하여 다양한 재무비율을 산출하고 이를 해석하여 의사결정하는 능력을 잘 갖출수록, 기업 또는 사업에 대한 이해 및 의사결정 능력이 향상된 여러분 자신을 기대할 수 있을 것이다.

회계정보를 잘 읽는 독자로 유명한 사람이 있다. 바로 세계적 투자자 '워런 버핏'이다. '워런 버핏'은 재무제표를 빠른 시간내에 효과적으로 읽고 이해하는 것으로 유명하다. 즉 재무제표 등 회계정보를 이용해 장기적 경쟁우위를 가진 기업을 발굴하거나 상대적으로 저렴한 기업들을 판단하는 방법이 탁월하다.

재무제표 등 회계정보를 잘 읽고 활용하는 것이 투자판단에서 중요하다. 재무제표 등 회계정보를 이용해 저평가 우수 회사를 찾아내는 기법을 가지기 위해서는 회계정보를 잘 읽고 판단하는 훌륭한 독자가 되는 것이 중요하다. 여러분들도 이러한 역량을 갖춘 훌륭한 독자가 되기를 바란다.

7-2. 기업 회계정보는 어디에서?

여러분들은 다양한 목적으로 기업에 대한 회계정보가 필요할 것이다. 여러분들이 주식투자를 한다면 그 기업에 대한 정보가 필요할 것이다. 여러분들이 이직을 하거나 취업을 할 경우에도, 그 기업에 대한 정보가 필요할 것이다. 또한 여러분들의 안정적 사업을 영위하기 위해서는 거래 관계에 이는 기업에 대한 정보가 필요할 것이다. 기업에 대한 객관적이고 신뢰성 있는 정보로 회계정보가 유용할 것이다. 따라서 지금 여러분이 당장 회계를 알 필요가 없을지 모르지만, 투자자로서, 소비자로서, 사업가로서, 또는 취업 및 이직을 준비하면서 회계의 필요성을 곧 느낄 가능성이 크다. 회계에 대한 관심과 배우려는 욕구가 곧 분출할테니, 미리 회계를 공부하고 정보를 입수하는 경로를 알아보자.

① 먼저 기업이 작성하여 제공하는 회계정보는 해당 기업의 홈페이지 등을 통해 얻을 수가 있다. 일정 규모 이상의 기업들은 기업 홈페이지를 제공하고 있다. 기업의 홈페이지에는 해당 기업에 대한 회계정보와 각종 공시정보 등을 게시하는 것이 일반적이다.

② 기업 홈페이지 이외에 기업들의 회계정보를 제공하는 사이트로 먼

저 DART(dart.fss.or.kr)를 살펴보자. DART(dart.fss.or.kr)는 외부감사인에 의해 의견이 표명되는 기업들 즉, 외감기업들에 대한 회계정보를 제공한다. DART(dart.fss.or.kr)는 금융감독원에서 운영하는 전자공시 시스템으로 외부감사를 받는 일정 규모 이상의 기업들에 대한 재무제표 등 공시정보가 제공되며, 특별한 제한 없이 동 사이트를 방문하는 사람은 누구나 이용할 수 있다.

기업은 기업의 외부 이해관계자들에게 알려야 할 회계정보 등을 DART에 정기적으로 공시하며, 특별한 경우에는 수시로도 공시한다. DART는 광고 등도 없어 약간 건조해 보이기도 하지만, 주관적 의견이나 판단 등의 개입 가능성이 작다는 점에서 회계정보 이용자들에게 유용한 사이트이다.

DART에서는 회사명 또는 (상장)종목코드를 통해 원하는 기업의 회계정보를 검색할 수 있다. 회사명은 우리가 흔히 인지하는 회사명과 명칭이 정확히 일치하지 않을 수 있으므로, 종목코드 등을 통해 재확인하는 것도 필요하다.

DART는 기업 정기공시, 주요사항 보고, 발생공시, 지분공시, 기타공시 등 다양한 정보를 포함하고 있다. DART를 통해 입수하는 정기공시 등의 자료로도 기업에 대한 정보는 충분히 확인할 수 있다. 사업보고서, 반기보고서, 분기보고서 등 다양한 시점의 선택을 통해 기업 회계정보를 포함하여 해당 기업에 대한 포괄적 경영정보를 얻을 수 있다. 상장사는 사업보고서에 감사보고사와 함께 다양한 정보가 포함되어 있다. 비상장사는 감사보고서만 의무적으로 공시되어 상장사와 비교해 폭넓은 정보가 제공되지는 않는다.

[그림 8] DART(dart.fss.or.kr) 화면 (예시)

사업보고서, 감사보고서 등을 처음 접할 경우, 용어, 개념 등으로 읽고 해석하는 데 어려움이 있을 수 있다. 이 책에서 제공하는 회계 기초 개념을 이해하면, 조금이나마 도움이 될 것으로 기대한다. 그러나 이 책에서 제공하는 개념이 사업보고서에 등장하는 모든 개념을 포함하지는 않는다.

한편 사업보고서 등에는 비슷한 문구, 표현, 용어 등이 반복적으로 사용되므로, 이러한 용어, 개념 등에 익숙해지게 되면 사업보고서 등을 읽고 이해하는 데 수월해질 것이다. 사업보고서를 읽는 데 익숙해진다면, 여러분들은 이미 상당한 수준의 회계정보 이용자가 되었다.

③ 네이버, 다음 등 인터넷 포털의 증권 사이트에서도 기업에 대한 회계정보가 제공되고 있다. 여러분들이 궁금해하는 기업들의 재무분석,

종목분석 등을 통해 여러분들이 궁금해하는 기업에 대한 다양한 회계 정보를 얻을 수 있다. 여러분들이 이러한 포털사이트에서 제공하는 회계정보를 잘 이해하고 이용하는 수준이 되더라도, 회계정보를 잘 이해하는 훌륭한 이용자라 할 수 있다.

[그림 9] 네이버 제공 회계정보 화면 (예시)

④ 한국거래소에서도 기업에 대한 회계정보를 제공한다. 한국거래소의 기업공시 채널인 http://kind.krx.co.kr에서도 DART와 유사한 정보를 얻을 수 있다. 다만 한국거래소는 상장사를 중심으로 기업 회계정보를 제공한다는 점에서 DART와 비교해 제공 범위가 작다.

[그림 10] 거래소 제공 회계정보 (예시)

⑤ 에프앤가이드 상장기업 분석을 통해서도 기업에 대한 회계정보를 얻을 수 있다. 지난 회계연도의 기업 회계정보 뿐 아니라, 미래 회계정보에 대한 전망에 대한 정보도 제공한다는 점에서 DART, 거래소 기업공시 채널과 차이가 있다. 다양한 그래픽 차트, 전망 등이 제공된다는 점에서 네이버 등 포털사이트에서 제공하는 기업 회계정보와 유사한 측면이 있다. 다만 에프앤가이드도 상장기업을 대상으로 회계정보를 제공하며, 비상장 기업에 대한 정보는 포함하지 않고 있다.

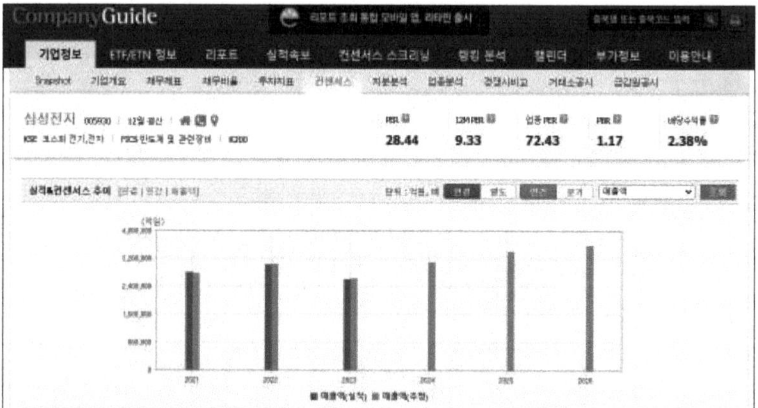

IFRS(연결) | 연간		2021/12	2022/12	2023/12	2024/12(E)	2025/12(E)	2026/12(E)
매출액		2,796,048	3,022,314	2,589,355	3,080,040	3,400,391	3,566,304
전년동기대비	(%)	18.07	8.09	-14.33	18.95	10.40	4.88
컨센서스대비	(%)	0.52	-0.82	-1.00	-	-	-
영업이익		516,339	433,766	65,670	399,901	547,472	576,660
전년동기대비	(%)	43.45	-15.99	-84.86	508.96	36.90	5.33
컨센서스대비	(%)	-2.28	-5.66	-11.95	-	-	-
당기순이익		399,075	556,541	154,871	368,742	471,777	506,308
전년동기대비	(%)	51.12	39.46	-72.17	138.10	27.94	7.32
컨센서스대비	(%)	-1.14	51.08	25.31	-	-	-
지배주주순이익		392,438	547,300	144,734	357,263	457,794	490,099
비지배주주순이익		6,637	9,241	10,137	-	-	-
자산총계		4,266,212	4,484,245	4,559,060	4,978,574	5,405,112	5,831,637
부채총계		1,217,212	936,749	922,281	1,019,381	1,067,231	1,084,166
자본총계		3,048,999	3,547,496	3,636,779	3,959,193	4,337,881	4,747,471
지배주주지분		2,962,377	3,451,861	3,532,338	3,849,944	4,216,485	4,600,307
비지배주주지분		86,622	95,635	104,441	109,249	121,396	147,164
자본금		8,975	8,975	8,975	8,979	8,979	8,978
EPS	(원)	5,777.37	8,057.22	2,130.74	5,260	6,740	7,215
BPS	(원)	43,611.38	50,817.45	52,002.20	56,678	62,074	67,725
DPS	(원)	1,444.00	1,444.00	1,444.00	1,516	1,451	1,472
PER		13.55	6.86	36.84	11.52	8.99	8.40
PBR		1.80	1.09	1.51	1.07	0.98	0.89

[그림 11] 에프앤가이드 상장기업분석 제공 회계정보 (예시)

⑥ 정부가 투자하거나 경영에 관여하는 공공기관 회계정보는 공공기관 경영정보시스템 ALIO를 통해 확인할 수 있다. http://www.alio.go.kr을 이용해서 다양한 공공기관의 회계정보를 얻을 수 있다.

[그림 12] 공공기관 경영정보시스템 알리오 제공 회계정보 (예시)

⑦ 요즘은 해외투자에도 많은 관심이 있다. 미국 기업에 대한 회계정보를 제공하는 미국의 증권거래소(U.S Securities and Exchange Commission)를 통해 미국 기업 회계정보를 입수하는 방법을 보자. 미국 증권거래소 홈페이지(sec.gov)에 접근해서, SEARCH EDGAR를 선택해서 희망하는 기업 이름, ticker 등을 이용해 회계정보를 검색할 수 있다. 또한 증권회사에 회원가입이 되어 있다면, 증권회사에서 제공하는 해외 기업에 대한 다양한 회계정보를 이용할 수 있다.

8. 회계에 관한 불편한 이야기

"회계정보는 과거지향적 정보(backward looking information)이며, 미래지향적(forward looking information) 정보가 아니다. 회계정보 이용자가 의사결정을 위해서는 궁극적으로 미래 전망 정보(forward looking information)가 필요한데, 과거 결과를 보고하는 회계정보가 이를 직접적으로 제공하지는 못하고 있다."

8-1. 회계는 객관적인가?

회계는 회계정보를 작성 제공하는 기업에 의한 숨은 의도가 존재할 가능성을 배제할 수 없다. 기업은 회계정보에서 기업에 대한 부정적인 정보는 가급적 줄이려 할 것이다. 회계기준에서는 회계정보 생산에서 기업이 선택할 수 있는 범위를 허용하고 있다. 기업은 이러한 회계처리의 선택 허용범위를 이용해서 기업이 처한 상황에 유리하게 회계정보를 보고하려는 동기가 존재한다. 그러나 이러한 허용범위 내의 기업의 회계처리 선택이 회계정보를 불법적으로 조작하여 거짓 정보를 담는 수준이라는 것은 아니다. 따라서 우리는 재무제표 등 회계정보를 읽고 판단할 때, 회계정보의 행간에 숨어 있는 정보를 발견하는 능력을 가지는 것이 중요하다.

회계에서 매출을 기록하는 경우를 살펴보자. 기업은 주된 영업활동에 해당하는 제품 판매, 서비스 제공을 매출로 기록한다. 즉 주된 영업활동이 아닌 제품 판매, 서비스 제공 등은 매출로 기록하지 않는다. 예를 들어 노트북 등 전자제품 제조 판매를 주된 영업활동으로 영위하는 삼성전자가 노트북을 판매한 결과는 매출로 기록된다. 그러나 자동차 제조 판매를 주된 영업활동으로 영위하는 현대차가 노트북을 판매하면 매출이 아니라 보유하는 유형자산의 처분으로 보고된다. 동일한 물건을 판매하는 거래임에도 불구하고 기업의 주된 영업활동에 따라 매출 또는 유형자산의 처분으로 보고된다.

그 외에 기업의 회계처리 선택에 따라 회계정보는 달리 표현되고 보고될 수 있다. 회계정보에는 주관적 판단의 개입 가능성이 어느 정도 허용된다는 점을 양지하고 회계정보를 읽어야 한다.

8-2. 회계는 최신 정보인가?

회계는 발표하는 시점의 정보인가? 아니다. 회계정보가 발표하는 시점에는 과거의 기업실적 또는 상태에 대한 정보이다. 회계 정보의 작성 시점과 발표 시점에는 차이가 존재한다. 회계연도 보고서는 보통 3개월의 시차를 두고 발표한다. 대부분 기업이나 회계대상은 12월 결산이 대부분이지만, 업종 또는 회사 사정에 따라 3월말, 6월말 또는 2월말 등 다양한 회계연도 결산 시점을 가지고 있다. 만약 12월말 회계 결산이라면, 다음 연도 3월말에 회계정보가 발표된다. 회사가 작성한 보고서를 공인회계사 등 감사인의 감사, 주주총회 의결 등을 거치는 데 대략 3개월의 시간이 소요되기 때문이다. 12월 결산법인의 회계연도 연간 보고서는 3월말에 발표되며, 연도 보고서 이외에 12월 결산법인의 1분기 보고서는 5월말에, 상반기 보고서는 8월말에 3분기 보고서는 11월 중에 발표되고 있다.

기업이 발표하는 회계정보에는 결산시점(예를 들어 12월)과 발표시점(예를 들어 3월말) 사이에 발생한 정보는 포함하지 않고 있다. 기업이 발표하는 회계정보는 사업개시일 이후 누적된 정보(재무상태표의 자산, 부채, 자본 등) 또는 지난 회계연도(예를 들어 1년간 등 회계보고 대상 기간)의 경영성과(손익계산서의 수익, 비용 등) 등을 보고하고 있다.

따라서 기업 회계정보는 기업에 대한 과거의 수치를 반영한 그림자 정보라는 평가를 받고 있다. 회계정보는 과거의 자료로 현재의 상태를 반영하지는 않고 있다. 또한 회계정보를 바탕으로 미래의 전망을 할 수 있지만, 회계정보 자체는 과거에 관한 정보이다. 즉 회계정보는 과거지향적 정보(backward looking information)이며, 미래지향적(forward looking information) 정보가 아니다. 회계정보 이용자가 의사결정을 위해서는 궁극적으로 미래 전망 정보(forward looking information)가 필요한데, 과거 결과를 보고하는 회계정보가 이를 직접적으로 제공하지는 못하고 있다.

기업이 공표하는 회계정보가 3개월의 시차를 가지고 있으나, 시장에서는 공표 시점에 맞추어 기업의 회계정보를 예측하고 이에 의거하여 시장의 주가가 형성된다고 평가한다. 따라서 회사가 공표하는 회계정보가 이들 시장의 예측치와 차이가 존재할 경우에 시장의 주가는 긍정적 또는 부정적 반응을 보인다. 이러한 주가 변화는 기업의 회계정보 공시 등으로 회사 자체에 변화가 있는 것은 아니지만, 기대한 예상과 다른 실적 결과 등에 대한 시장의 반응이라고 볼 수 있다.

기업이 공표하는 회계정보는 최신의 정보라고 말하기는 어렵다. 회계정보를 읽을 때에는 이러한 회계정보의 결산 시점과 실제 공표 사이에는 시차가 존재한다는 점을 감안해야 한다. 결산시점과 공표시점 사이에 형성되는 상장회사의 주가는 실적 예상치가 반영된 주가라고 할 수 있으며, 실제 회계정보 발표시 예상치와 실제 발표치 사이에 차이가 존재할 경우, 발표시점을 전후하여 주가 등의 변동성이 발생할 수 있다.

8-3. 회계는 진실되지 않을 수도 있다.

회계정보는 진실일까? 회계정보는 진실되지 않을 수도 있다.

기업이 판매하려는 제품의 판매가 원활하지 않으면, 기업의 현금흐름은 어려워질 수 있다. 기업의 현금흐름 부족은 직원의 인건비 지급 등 긴급한 현금지출에 어려움을 초래할 수도 있다.

그럼에도 불구하고, 기업에서 판매되지 않는 제품의 증가는 (재고)자산의 증가로 기록된다. 이러한 재고자산의 증가는 매출원가의 감소를 통해 이익의 증대로 연결될 수 있다.[3)]

판매되지 않는 재고자산은 정상적인 가격으로 판매되지 않으므로, 재고자산의 평가손실을 반영하고, 자산의 가치를 낮추어 작성할 필요

3) 재고자산의 증가는 판매되지 않은 제품 등의 증가를 의미하며, 판매되지 않은 제품의 증가는 판매된 제품의 감소로, 이는 매출원가의 감소로 나타난다. '매출원가 = 기초재고 + 당기매입 또는 제조한 재고자산 − 기말재고'의 관계에서, 기말재고의 증가는 해당 연도 매출원가의 감소로 나타난다. '매출총이익 = 매출 − 매출원가'이므로, 매출원가의 감소는 매출총이익의 증대로 연결된다.

가 있다. 또는 판매되지 않은 재고자산 등의 긴급처분 등을 통해 현금을 조달할 것이다. 이러한 재고자산의 평가손실 반영 또는 자산 처분에 따른 자산의 감소가 이익의 감소로 반영된다면, 기업의 이익이 부진한 것으로 보고될 가능성이 크다. 이러한 이익의 감소는 기업의 자금조달(은행 대출, 주식 및 채권 발행 등)에 나쁜 영향을 미치게 될 가능성이 크다.

이러한 상황에서 기업은 재고자산 평가손실을 미반영하거나 재고자산 처분 등을 통한 자금을 조달하지 않으려고 할 유인이 크다. 재고자산 평가손실을 반영하지 않고, 평가손실이 발생할 것으로 추정되는 재고자산을 처분하지 않는 등의 조치로, 양호하게 보고된 이익 등을 발표함으로써, 자금조달에 큰 어려움이 없는 것으로 회계정보를 왜곡할 수 있다.

기업의 제품이 판매되지 않고 재고자산이 쌓이는 현상은 기업에게 좋지 않은 신호이다. 악성 재고 누적은 사람의 건강으로 비교한다면, 혈관에 콜레스테롤과 같은 나쁜 물질로 혈관성 질병을 유발하는 것과 비슷하다.

또한 기업은 의도하지 않는 회계기록의 미반영(미판매 재고자산의 방치 등) 단계를 벗어나, 의도적으로 이익을 부풀릴 수도 있다. 기업이 자산을 의도적으로 부풀려 이익 증가로 포장하여 보고할 수도 있다. 재고자산 뿐 아니라, 매출채권 등을 통해 이익이나 자산을 과대계상 보고할 수도 있다. 허위 판매계약 등을 근거로 기업의 (외상)매출채권을 허위로 기록하여 이익을 부풀릴 수도 있다.

기업은 다양한 목적에서 의도된 회계부정을 할 수 있다. 기업은 의도된 회계부정을 통해 자금조달의 어려움을 줄일 수도 있고, 인수합병, 상장, 경영자 연임 등의 성공 등 다양한 목적으로 회계부정을 시도할 수 있다.

또한 기업은 이익의 급격한 변동성을 줄이기 위해 이익을 유연화(income smoothing)할 수도 있다. 기업은 이익이 지나치게 과대하거나 과소하게 보고되는 이익의 변동성 확대를 회피할 필요가 있을 경우, 이익 변동성 축소 즉 이연 유연화를 하려는 유인이 있을 수 있다.

나아가서, 이익의 일시적 조정 등의 단계를 벗어나 기업의 경영성과, 재무상태 등을 왜곡시키기 위해 범죄적 수준의 회계분식(會計粉飾)을 실시할 가능성도 배제할 수 없다.

분식(粉飾)은 얼굴에 분칠을 해서 예쁘게 보이려는 화장기법에서 유래된 용어이다. 기업의 안 좋은 진실을 감추고 겉으로만 좋게 보이는 범죄 수준의 회계부정을 의미한다. 회계부정은 소유주 또는 경영자가 기업자금을 횡령하거나 감추기 위해 사용할 수도 있다. 소유주 또는 경영자가 기업 자금을 개인 용도로 사용할 경우, 회사의 진실된 손익은 감소하고 자본도 감소하게 된다.

옛말에 '바늘도둑이 소도둑된다.'라는 말이 있다. 처음에는 조그마한 비용 누락, 매출 과대 등으로 회계의 진실성 왜곡은 시작된다. 그러나 이러한 조그마한 회계부정이 습관화되어, 회사 경영의 어려움이 발생할 때마다 회계부정을 하려는 유혹은 더 커지게 된다. 회계부정이 커지고 이러한 회계부정을 감추기 위해 회계부정은 더욱 커지게 된다. 결국 회계분식 사건으로 회계부정의 누적된 실체가 드러나게 된다. 회계분식은 큰 규모로 발각될 가능성이 크고, 결국 기업 파산 등 좋지 않은 결말을 보이는 경우가 많았다.

8-4. 회계진실 왜곡(이익조정, 분식회계 등)의 동기

회계기준 범위 내의 이익조정과, 회계기준을 벗어난 불법 수준에 근접한 분식회계를 하려는 동기는 다양하다. 기업 지배주주들은 주가를 부풀리는 수단으로 회계이익을 조작하는 동기가 있는 것으로 보고되고 있다. 예를 들어, 재벌 내의 상장과 비상장 회사 간의 합병에서 회계이익 조작으로 재벌 소유주의 부를 늘리려는 동기가 있다. 먼저 재벌 소유주의 지분율이 낮은 상장회사의 이익은 하향 조정하여 주가를 낮추는 반면, 재벌 소유주의 지분율이 높은 비상장회사의 이익을 상향 조정하여 주가를 높인다. 그런 다음에 이들 상장회사와 비상장회사를 합병할 경우, 합병대상 비상장회사가 상장회사보다 유리한 합병평가를 받게 된다. 합병의 결과 상장회사에서 비상장회사로 부가 이전되며, 그 혜택을 재벌 주주가 수혜받는 것이다. 결국 상장회사의 부가 비상장회사로 이전되며, 그러한 과정에서 상장회사 소액 주주들의 부가 비상장회사의 대주주인 재벌 주주로 부가 이전되는 것이다.

전문경영인은 경영성과 부진을 감추거나, 연임을 위해 또는 성과보상 극대화를 위해 이익을 조정하는 동기를 가질 수도 있다. 회계에서는 자산의 손실가능성에 대비하여 충당금을 설정한다. 이러한 대손충당금 설정을 목욕탕에 물을 채우는 것에 비유한다. 충당금을 과대하게 설정할 경우에는, 마치 커다란 욕조(Big Bath)에 물을 너무 많이 채우는 것과 유사하다. 경영진이 대손충당금을 과도하게 설정하여 비용을 과도하게 계상하는 것을 Big Bath라고 부른다.

전문경영인이 교체되어 새로 취임할 경우, 취임 초기에 경영성과를 인위적으로 저조하게 보고하려는 경향이 있다. 교체 직후 전문경영인은 대손충당금을 과도하게 추정하여 적립(설정)하는 Big Bath를 실시한다. 취임 초기의 부진한 경영성과는 전임 전문경영인의 잘못된 경영성과 탓으로 돌린다. 취임 초기 과도한 대손충당금 설정은 취임 이후 전문경영인의 재임기간 중 대손충당금을 과소하게 적립(비용을 과소하게 반영)할 수 있는 여유를 제공한다. 전문경영인의 취임초기 과다한 비용 반영으로, 전문경영인의 재임 기간 중에는 경영성과 개선이 보고될 가능성이 커진다. 실질적인 경영성과 개선이 거의 없음에도 불구하고, 취임 초기 Big Bath 회계 처리만으로, 임기 말에는 전문경영진의 재임기간 중 경영성과 개선 실적이 큰 것으로 보고되는 것이다. 전문경영인은 Big Bath로 인한 회계상의 경영성과 개선 결과를 기반으로 연임의 가능성을 높일 수 있다. 전문경영인이 교체되는 경우, 취임 초기에 손실을 과대하게 보고하는 회계이익 조정의 동기(Big Bath) 가능성을 고려하여야 한다.

기업은 원활한 자금조달을 목적으로 양호한 경영성과를 보고하기 위해 회계이익을 조정하려는 동기가 존재한다. 금융기관과의 대출계약 과정에서 금융기관이 회계이익에 기반한 평가를 많이 수행할수록, 저렴한 비용으로 장기간에 걸쳐 금융기관으로부터 자금을 조달받기 위해 기업은 실제보다 양호하게 보이는 회계이익 자료를 보고할 유인이 존재한다. 이러한 동기는 기업이 주식을 추가로 발행하거나, 상장을 하거나, 채권을 발행하는 등의 자금조달 과정에서도 존재할 수 있다.

또한 상장회사의 경우에는 재무분석가들의 이익예측치에 미달하는 성과보고로 인해 주가 하락할 가능성에 부담을 느끼는 경영진들이 경영성과를 조작하려는 동기가 있는 것으로 보고된다. 특히 이러한 주가의 상승이 전문경영인의 성과보상과 연계될 경우에는 경영성과 조작의 동기가 더욱 강한 것으로 보고된다.

8-5. 회계진실 왜곡 관련 사건, 영화 등

회계분식 사건은 우리나라뿐 아니라 외국에서도 큰 사건으로 언론에 보도된 바 있다. 국내에서는 1997년 한보철강, 기아자동차, 1999년 대우그룹, 2016년 대우조선해양 회계분식 사건이 보고된 바 있다. 미국은 2001년 미국 에너지회사 Enron 분식회계 사건 등이 대표적이다. 분식회계 등 회계부정 사건은 자본시장의 신뢰성을 저하시킨다. 자본시장에 대한 신뢰성 저하는 투자자들에게 큰 손실을 미치므로, 이러한 회계부정을 일으킨 경영진에게는 막중한 형사 처벌을 부과한 바 있다.

회계진실성은 유명 영화의 소재로도 등장한 바 있다. 영화 '쇼생크탈출'에서 주인공 앤디는 회계, 세무지식으로 교도소 간수의 절세를 도와주고 교도소장의 개인 자산관리를 맡으며, 분식회계를 이용한 자금세탁 등으로 교도소장 등의 재산을 불려준다. 교도소장의 재산을 불려주면서 신뢰를 얻은 주인공 앤디는 탈옥에 성공한다. 탈옥이후 교도소장의 회계부정 행위가 언론에 보도되어 세상의 이목을 받게 만든다. 그 사이 앤디는 그동안 회계부정으로 축적한 교도소장의 재산을 인출하여 여유로운 노년을 보낸다.

쇼생크탈출에서 교도소장의 수입은 동일함에도 불구하고, 주인공 앤디의 회계처리에 따라 교도소장의 재산이 늘거나 줄어든다. 또 이러한 회계처리를 어떠한 수준에서 하느냐에 따라 합법이 될 수도 있고 불법이 될 수도 있다. 주인공 앤디는 회계지식이 없었다면, 탈옥에 성공하지 못했을 것이다. 반대로 교도소장이 회계지식이 있었다면, 앤디에게 그렇게 당하지 않았을 것이다. 쇼생크탈출의 원제는 보상, 되찾기 Redemption이다.

8-6. 회계 진실성 제고를 위한 노력

회계의 진실성 제고를 위한 다양한 방안들이 추진되었다. 기업 내부에서는 내부회계 관리제도를 설치하여 내부적으로도 회계보고를 통제하는 제도를 마련하였다. 또한 일정 규모 이상의 기업들은 외부감사인인 공인회계사로부터 회계에 대한 감사와 인증을 받도록 하고 있다. 공인회계사는 기업이 회계기준에 따라 적정하게 회계정보가 작성되었는지에 따라 기업이 작성한 회계정보의 신뢰성에 대하여 인증을 부여한다.

금융감독원은 공인회계사의 회계감사 결과에 대한 감독을 실시하며, 회계부정의 가능성을 이중으로 감소시키는 제도를 마련하고 있다. 금융감독원은 공인회계사의 외부감사를 다시 감사하는 감리를 수행하여, 공인회계사의 회계감사 업무가 제대로 수행되는지를 재검증하고 있다. 기업의 분식회계를 발견하지 못한 회계법인(공인회계사)은 영업정지, 인가 취소 등의 제재를 받을 수 있다.

또한 회계분식으로 피해를 입은 투자자 등은 손해배상 청구소송도 가능하다. 회계분식 등에 대한 투자자의 잠재적 소송 위협은 회계부정 당사자인 기업들의 회계부정 가능성을 줄이는 데 영향을 미치는 것으로 보고된다.

미국에서도 2001년 엔론 회계부정사건 등을 계기로 2002년 사베인스 옥슬리(Sarbanes-Oxley)법을 도입하여 회계부정에 대한 강력한 제재의 근거를 마련하였다. 우리나라에서도 외국인들의 한국회계에 대한 신뢰성 저하 문제(Korea Discount 문제) 해결을 위해, 한국채택 국제회계기준, 국제회계감사기준 등의 도입을 통해 전반적 회계개혁을 추진한 바 있다.

9. 다양한 회계

"회계는 회계처리 목적에 따라 크게 4개 분야로 구분된다. 재무회계, 원가관리회계, 세무회계, 회계감사로 구분한다."

9-1. 다양한 회계 분야

회계는 회계처리 목적에 따라 크게 4개 분야로 구분된다. 재무회계, 원가관리회계, 세무회계, 회계감사로 구분한다.

재무회계는 우리가 이 책에서 주로 다룰 분야이다. 재무회계는 주식, 채권 투자자 등 기업의 외부 이해관계자에게 기업의 회계정보를 제공하는 것을 목적으로 하는 회계이다. 외부 이해관계자에게 회계정보를 제공하므로, 재무회계는 일정한 기준에 따라 작성하여야 한다. 재무회계는 다른 모든 회계의 기초가 된다. 재무회계는 완성된 결과물로 재무제표를 작성하여 보고한다. 외부 이해관계자에게 회계정보를 전달하기 위해 작성하는 주요 재무제표로 재무상태표, 포괄손익계산서, 현금흐름표, 주석 등이 있다.

원가관리회계는 내부 이해관계자들에게 기업 경영에 관한 정보를 제공하기 위해 작성하는 회계이다. 기업의 내부 이해관계자에게 보고하는 목적으로 작성하므로, 기업 내부에서 자체적으로 정한 기준에 따라 작성한다. 재무회계처럼 외부의 이해관계자에게 보고하지 않고 다른 기업과 비교하는 것이 목적이 아니므로, 외부에서 정한 일정한 기준을 따를 필요가 없다. 기업이 제조하는 제품의 원가를 분석하고 적정 가격을 산출하는 원가회계, 기업의 예산을 수립하고 기업 내부부서 등의 성과를 평가 등을 위해 작성하는 관리회계로 세분한다.

세무회계는 법령 등에 의거하여 정부에 세금으로 납부하는 세액을 계산하는 회계이다. 재무회계에서 수익이나 비용으로 처리되더라도, 세무회계에서는 이를 수익이나 비용으로 인정하지 않거나, 또는 반대로 재무회계에서 수익이나 비용으로 처리하지 않더라도, 세무회계에서는 이를 수익이나 비용으로 인정한다. 세무회계는 재무회계에서 보고되는 이익을 세무회계의 납세대상이 되는 이익으로 조정한다. 재무회계의 이익은 세무회계를 통해 세무상의 이익으로 재계산되고 세무상의 이익에 근거하여 납부할 세액을 계산한다. 법인기업에 대한 납세액을 계산하는 법인세회계, 개인기업의 납세액을 계산하는 사업소득회계, 부가가치세 납세액을 계산하는 부가가치세 회계, 상속증여세를 계산하는 상속증여세 회계 등 다양한 세무회계로 세분된다.

회계감사는 기업이 작성한 재무제표에 대해 공인회계사가 감사를 실시하고 이에 대한 의견을 표명하는 제반 절차, 방법 등에 관한 회계이다. 기업 규모가 일정 수준 이상인 기업들은 감사인에 의해 회계감사를 받고 감사보고서를 작성해야 하는 의무가 있다. 2025년 기준으로 ① 자산규모가 500억 이상이거나 매출액이 500억 이상인 기업, ② 자산 120억 이상, 부채 70억 이상, 매출액 100억 이상, 종업원 수 100명 이상의 4가지 요건 가운데 2개 이상을 충족하는 기업 등은 공인회계사로부터 외부 감사를 의무적으로 받고, 그 결과를 감사보고서로 작성하여 공시하여야 한다. 공인회계사는 기업 경영자가 작성한 재무제표가 기업회계기준에 따라 적정하게 작성되었는지에 대한 감사를 실시하며, 이에 대해 적정, 한정, 부적정, 의견거절 등의 의견을 표명한다.

9-2. 재무회계는 어떻게 접근하나?

재무회계는 회계의 근간으로 회계거래를 기록하여 외부 이해관계자에게 회계정보를 제공하기 위한 회계이다.

재무회계는 회계의 출발점으로 누구나 재무회계에 대한 기초 수준을 갖추어, 재무회계 결과물을 읽고 이해할 수 있는 수준이 되어야 한다. 따라서 회계의 유용한 정보를 이용하기 위해서는 기초적인 재무회계의 작성원리를 이해하고, 회계정보의 결과물을 이해하고 이용할 수 있는 수준의 재무회계 지식을 갖출 필요가 있다.

또한 재무회계는 외부 이해관계자를 위한 회계정보의 최종결과물로 기업회계기준에 맞추어 정확하게 산출되어야 한다. 따라서 재무회계 정보를 작성하고 이를 감사하는 수준의 전문가가 되기 위해서는, 광범위하고 세부적인 재무회계 처리와 해석에 대한 내용을 숙지해야 한다.

이와 같이 재무회계는 반드시 알아야 할 기초적 회계이면서, 회계전문가가 되기 위해서는 알아야 할 높은 수준의 내용을 모두 포함하고 있다. 각자가 지향하는 목표(회계정보 이용자, 전문가 등)에 따라 재무회계를 접근하는 방식 또는 수준 등을 달리 설정할 필요가 있다. 본 책자에서는 회계를 전혀 모르는 일반인이 기본적으로 알아야 할 기초적인 수준의 재무회계 지식을 전달하는 것을 목표로 하고 있다.

9-3. 원가관리회계는 무엇을 다루나?

원가관리회계는 내부 이해관계자들에게 기업 경영에 관한 정보를 제공하기 위해 작성하는 회계이다. 원가관리회계는 원가회계와 관리회계로 구분 가능하다. 원가회계는 기업이 제조하는 제품의 원가를 분석하고 적정 가격을 산출하는 데 주된 목적을 두고 있다. 관리회계는 재무적 목표와 수립의 기본인 예산을 수립하고 통제한다. 관리회계는 사업계획과 그 결과에 대한 원인, 분석을 통해 올바른 경영상태를 유지하는 역할을 수행하는 데 초점을 둔 회계이다.

원가관리회계는 기업 내부 이해관계자들을 주된 대상으로 하고 있으므로, 반드시 준수해야 할 기준이나 일정한 보고양식이 정해져 있지 않다. 사업 결과의 원인 분석 등을 위해 다양한 관점에서 비즈니스 상황에 맞추어 적용할 수 있는 회계이다. 즉 원가관리회계는 회사 경영을 위한 내부 조직 구성원을 위한 회계이다.

재무회계에서 작성하는 재무제표는 일정한 기준에 따라 작성해야 하며, 임의로 변경하기 어렵다. 재무회계는 외부 이해관계자들이 기업 간 비교 등을 통해 합리적 의사결정이 가능한 정보를 제공해야 하므로 기업들이 작성하는 재무회계가 동일한 기준에 의거하여 작성되어야 한다.

이에 반해 원가관리회계에서 작성하는 회계 결과물은 내부정보 이용자에게 제공하는 목적으로 작성한다. 예를 들어 예산관리 보고서 등과 같은 관리회계 결과물은 일정 기준 등의 제한이 없으며, 회사에서 그 양식이나 내용의 임의 변경이 가능하다.

9-4. 재무회계와 원가관리회계 차이

외부 이해관계자들에게 회계정보를 제공하는 재무회계와 내부 이해관계자들에게 회계정보를 제공하는 원가관리회계의 차이는 다음과 같다.

① 재무회계는 외부 정보이용자의 의사결정을 위한 회계정보 제공을 목적으로 하는 반면, 원가관리회계는 내부 정보이용자의 의사결정을 위해 회계정보를 제공하는 것으로 목적으로 하고 있다.

② 재무회계는 현재 및 미래의 잠재적 투자자 및 외부의 이해관계자들이 주된 정보이용자인 반면, 원가관리회계는 기업 내의 경영자, 직원 등 내부의 이해관계자들이 주된 정보이용자이다.

③ 재무회계는 회계기준을 준수해야 하나, 원가관리회계는 회계기준에 구속되지 아니한다.

④ 정보의 성격 측면에서, 재무회계는 과거 기업 등 회계대상의 경영활동 결과에 대한 정보이나, 원가관리회계는 과거 뿐 아니라 미래 예측정보도 포함하고 있다.

⑤ 재무회계는 정보의 제공 수단으로 재무제표라는 일정한 형식을 갖추어야 하나, 원가관리회계는 정보제공 수단에서 일정한 형식을 요구하지 않는다.

⑥ 재무회계는 일정 규모 이상 주식회사 등의 재무회계 결과물로 재무제표를 공시하고 이를 외부감사인에 의해 감사를 의무적으로 받도록 하고 있는 반면, 원가관리회계는 경영자 필요에 따라 정보를 추출할 뿐, 그 결과물에 대한 외부감사 의무 등을 강제하지 않고 있다.

이상의 재무회계와 원가관리회계의 차이를 정리하면, 다음 〈표 2〉와 같다.

〈표 2〉 재무회계와 원가관리회계의 비교

구분	재무회계	원가관리회계
정보제공 목적	외부 정보이용자의 의사결정을 위해 회계정보 제공	내부 정보이용자의 의사결정을 위해 회계정보 제공
주된 정보이용자	현재 및 잠재 투자자	기업 내의 경영자 등
정보생산방법, 내용	회계기준 준수 필요	회계기준 구속 없음
정보의 성격	기업 과거활동에 대한 정보	미래 예측정보도 포함
정보제공의 수단	재무제표	일정한 형식이 없음
정보제공의 강제성 외부감사 여부	일정 규모 이상 주식회사는 재무제표 공시 및 외부감사 의무	경영자 필요에 따라 정보 추출, 외부감사 필요 없음

9-5. 세금 납부에 특화된 세무회계

세무회계는 세법에 의거하여 정부에 세금으로 납부하는 세액을 계산하는 회계이다. 세법이 회계 수치를 대상으로 하고 있으므로, 세무회계도 회계의 영역에 포함되는 것이다. 세금납부액을 결정하는 세무회계는 재무회계보다 엄격한 기준으로 구성되어 있다. 재무회계는 회계방법,

처리 등에서 재량의 여지가 있으나, 세무회계에서는 그러한 재량의 허용범위가 거의 없다. 납세액의 차이에 따른 조세 불공평의 문제를 차단하기 위해 세무회계 작성자의 재량 허용범위를 극히 제한하고 있다.

법인 기업은 국가에 법인소득을 계산해서 법인세를 납부하며, 개인기업은 사업소득을 계산해서 사업소득세를 납부한다. 세금 납부의 근거되는 이익(과세표준 또는 세무상 이익)과 재무회계에 의거하여 보고하는 재무제표상 이익(당기순이익)은 차이가 있다. 수익과 비용인식에서 세법과 기업회계기준에 차이가 있기 때문이다. 재무회계에서 수익이나 비용으로 처리되더라도, 세무회계에서는 이를 수익이나 비용으로 인정하지 않거나, 또는 반대로 재무회계에서 수익이나 비용으로 처리하지 않더라도, 세무회계에서는 이를 수익이나 비용으로 인정할 수 있다. 따라서 기업회계기준 결과를 세법기준으로 전환시키는 세무조정이 필요하다. 재무회계에서 보고되는 이익은 세무회계의 납세대상이 되는 이익으로 조정하는 세무회계를 통해 과세소득을 산출하고 이에 대한 납세액을 계산한다.

법인기업 법인 세무회계에 의거해 법인세를 계산한다. 법인이 아닌 개인기업은 소득세법의 사업소득회계에 의거해 사업소득세를 계산한다. 기업이 아닌 근로자에 대해서는 근로소득세를 계산한다. 개인이 사업, 근로 이외에 기타 소득이 있는 경우에는 기타소득세, 부동산 등의 양도소득이 있는 경우에는 양도소득세를 계산한다.

재화, 용역의 판매에 포함되어 부과되는 간접세로 부가가치세를 산정하는 부가가치세 세무회계도 존재하며, 상속 증여 등과 관련한 상속

증여 세무회계도 존재한다. 그 외에도 국세기본법 등에서 세무회계 처리 및 절차 등의 근간이 되는 다양한 법인세법, 시행령 규칙 등이 존재한다. 이러한 세법, 시행령, 규칙, 예규 등에 의거하여 납세액을 계산하는 회계를 세무회계 대상으로 포함하고 있다.

II

회계거래 기록과 보고

1. 회계는 현금주의가 아닌 발생주의
2. 발생주의 회계의 기본 가정
3. 자산, 부채, 자본, 수익, 비용이란?
4. 회계거래와 회계등식
5. 회계거래 기록과 분개
6. 회계등식과 회계기록, 복식부기
7. 회계의 순환

1. 회계는 현금주의가 아닌 발생주의

"회계에서는 수익을 거래 발생 기준으로 인식한다. 그리고 발생한 수익에 대응되는 비용을 비용으로 인식한다. 회계에서의 손익(손실 또는 이익)은 이러한 거래 발생에 의해 인식한 수익과 이에 대응한 비용의 차이이다. 따라서 회계의 손익계산 기준점은 거래 발생시점 기준이다. 발생시점에 의거한 수익과 비용의 대응과 이에 따른 손익의 계산 결과는 현금 입출 시점에 의거하여 계산한 손익과 다르다."

1-1. 발생주의* 회계가 현금흐름과 차이나는 이유

* 거래 발생 중심으로 기록

발생주의에 의거한 회계와 현금흐름에 의거한 회계의 차이는 수익 인식의 차이에서 찾아볼 수 있다. 오늘날 회계는 발생주의에 기반을 두고 있다. 발생주의에 기반을 둔 오늘날 회계에서 수익은 현금의 수입과는 무관하다. 회계에서 수익의 인식은 수익이 발생한 거래가 발생한 시점에 인식한다. 회계는 재화를 공급(판매)하거나 서비스를 제공하여 수익이 발생하는 시점에 수익을 인식한다. 회계는 현금이 들어오지 않아도 이러한 수익의 근거가 되는 재화의 공급이나 서비스의 제공이 발생하면, 수익으로 인식한다. 회계는 현금이 수입이 들어오더라도 재화의 공급이나 서비스 제공이 발생하지 않으면, 수익으로 인식하지 않는다.

오늘날 기업의 거래는 복잡 다양화되는 가운데 현금을 수반하는 거래 비중이 줄어들고 있다. 이러한 거래 환경에서 현금주의에 의거하여 수익과 비용을 인식하고 손익에 대한 기록을 유지하기는 쉽지 않다. 기업의 기간별 성과를 측정하고 평가하기 위해서는 발생주의에 기반한 수익을 인식하고 이에 대응하는 비용을 기록하면서 손익을 기록 보고하는 것이 유용하다.

현금이 들어오는 시점에 수익(매출)을 기록할 경우에는, 그 수익에 대응하는 비용(매출원가)을 무엇으로 기록할 것인지 결정하기가 쉽지 않다. 몇 개월 전에 발생한 매출에 대해 현금이 분할로 들어오고 있는 경우, 몇 개월전 발생한 매입금액이 즉시 지급되지 않고 분할로 지급될 경우, 현금주의에 의거하여 이러한 현금 수익(유입)에 대응하는 현금 비용(유출)을 적절히 매칭하기가 쉽지 않을 것이다. 몇 개월 전 물품 구입 이후 현금을 지급하지 않아 발생한 (매입)채무가 현재 매출에 대응한 비용(매출원가)이라고 단정하기는 쉽지 않을 것이다. 이와 같이 현금주의 기록은 자의적 해석이 발생하거나 복잡한 기록 유지가 뒤따른다. 현금주의 기록은 정확하고 명료한 수익 비용의 측정 기록이 쉽지 않은 단점이 있다.

스파게티를 만들어 판매하는 식당의 경우를 보자. 스파게티 식당에서 매입한 원재료가 모두 판매한 스파게티의 재료로 사용되었는가? 일부는 판매되는 스파게티에 사용되지 않고 재고로 남아있는 재료도 있을 것이다. 이렇게 남아있는 재료가 스파게티 판매에 대응하는 비용(매출원가)이라고 기록하기 어려울 것이다. 스파게티 식당에서 원재료 매입에 지출한 현금을 모두 스파게티 판매에 사용된 비용이라고 기록하는 것은 스파게티 판매와 관련된 정확한 비용이라고 하기 어려울 것이다.

스파게티 식당의 종업원 임금, 임대료 등의 비용도 스파게티의 판매에 대응하는 비용인가? 스파게티 판매 수익을 산출하는 기간(현금이 유입되는 기간)과 종업원 임금, 임차료 등이 발생하는 기간(관련 현금이 유출되는 기간)이 일치하지 않을 경우, 종업원 임금, 임차료 지급 등의 현금지출이 스파게티 판매에 대응하는 비용이라고 기록하기가 어려울 것이다. 스파게티의 판매와 이러한 비용의 매칭 여부에 따라 매출원가(비용)으로 산정되기도 하고, 그렇지 않을 수도 있을 것이다.

1-2. 발생주의와 현금주의 손익

회계에서는 수익을 거래 발생 기준으로 인식한다. 그리고 발생한 수익에 대응되는 비용을 비용으로 인식한다. 회계에서의 손익(손실 또는 이익)은 이러한 거래 발생에 의해 인식한 수익과 이에 대응한 비용의 차이이다. 따라서 회계의 손익 계산 기준점은 거래 발생시점 기준이다. 발생시점에 의거한 수익과 비용의 대응과 이에 따른 손익의 계산 결과는 현금 입출 시점에 의거하여 계산한 손익과 다르다.

다만 현금거래가 대부분이면서 단순한 거래 행태를 가진 소규모기업들은 발생주의를 따르지 않고 현금주의로 수익을 인식하는 것이 가능하다. 예를 들어 수익 발생과 현금 수취 사이에 시차가 크지 않은 거래가 다수를 차지하는 소규모 기업의 경우, 현금주의 회계가 오히려 적합할 수 있다. 그러나 매출에 대해 즉시 또는 한 번에 현금이 들어오지 않고, 여러 차례에 걸쳐 분할로 현금수입이 들어오거나 매입 등의 비용도 여러 차례에 걸쳐 분할로 지급되는 경우, 현금주의에 의거한 회계 기록이 쉽지 않다.

발생주의 회계가 기업의 손익 및 성과를 보다 정확히 측정한다고 해서 현금흐름을 무시하기는 어렵다. 현금흐름이 원활하지 못하면 기업은 당장의 현금 지급 위험에 처할 수도 있으며, 현금이 있어야 세금 납부, 배당 지급 등도 가능하기 때문이다. 회계는 발생주의에 의해 손익을 기록하더라도, 현금흐름 정보를 제공하는 재무제표(현금흐름표)를 보완적으로 작성 보고한다. 발생주의 손익계산서뿐 아니라 현금주의 관점의 현금흐름표를 함께 볼 필요가 있기 때문이다.

1-3. 발생주의 현금주의 회계 차이 〈사례〉

회계는 발생주의에 기반하여 기록 작성된다. 따라서 발생주의에 기반하는 회계는 현금의 수취 및 지급거래와 일치하지 않는다. 발생주의 회계는 (자산, 부채, 자본의 변화를 일으키는) 사건, 거래를 기록할 뿐이다. 즉 발생주의 회계기록이 동일한 시점의 현금 수취 지급을 의미하지는 않는다.

(사례 1)

① 계약 당시 총대금의 10%를 지급 받고, 3년 뒤 물품을 공급하고, 나머지 잔금 90%를 받는 거래, ② 계약 당시 총대금의 100%를 미리 지급 받으면서, 물품 공급은 대금 수령 이후 3년에 걸쳐 제공하는 거래를 생각해 보자.

2개의 대금지급 방식은 모두 실제 물품을 공급하는 시점과 현금흐름 시점 사이에는 시차가 존재한다. 발생주의에 의거하여 거래 발생시점에

수익으로 인식한다면, 2개의 거래 모두 동일하게 물품을 공급하는 시점에 수익으로 인식한다.[4)]

그렇지만 현금주의에서는 ①번의 거래는 계약 당시 10%를 수익으로 인식하고, 3년 후에 현금을 수령하는 시점에 나머지 90%를 수익으로 인식할 것이다. 현금주의 회계에서 ②번의 거래는 첫해 계약 당시 현금을 모두 수취하는 시점에 100% 수익으로 인식할 것이다. 발생주의에 의거하여 기록하는 수익과 현금흐름에 의거 기록하는 회계와 차이가 존재하며, 발생주의에 의거한 회계 기록은 실제 현금흐름과 차이를 보인다.

물품 등을 공급하는 시기에 맞추어 회사의 매출과 이익이라는 성과를 인식하는 발생주의가 회사의 성과를 제대로 반영하는 것으로 평가되고 있다. 현금주의는 수익 인식의 변동성이 크며, 현금 수취 여부와 시기 등에 따라 수익을 인식하므로 기업 경영성과가 제대로 반영되지 않는 단점이 있다고 평가된다. 발생주의, 현금주의를 비교한 결과 발생주의 회계가 회사의 수익, 이익 등을 반영하는데 보다 적합한 것으로 평가받고 있다. 그러나 발생주의는 현금흐름을 반드시 따르지 않으므로, 실제 현금흐름과는 차이가 존재한다는 점에 유의해야 할 것이다.

(사례 2)

50년간 사용할 건물을 50억 원의 비용을 들여 신축한 경우를 생각해보자. 건축비용 50억 원은 건물이 완공되는 시점을 전후하여 대부분 지급되었다고 가정하자

현금주의에서는 건물 완공 시점을 전후하여 50억 원을 모두 비용으

---

4) 발생주의에서는 물품 공급 이전에 먼저 수취하는 현금은 부채로 기록(물품 공급 이전에 현금을 먼저 받았으므로, 현금 수취에 대한 대가로 미래에 물품을 공급해야 하는 의무가 발생하기 때문에 부채임).

로 처리할 것이다. 발생주의에서는 신축 당시에는 50억 원 건물 완공은 현금 지급을 통해 건물이라는 자산을 취득한 것으로 보고 비용으로 인식하지 않는다.

발생주의에서는 이러한 건물이 회사의 영업활동에 사용되는 기간(예를 들어, 50여 년에 걸쳐 사용된다고 가정할 경우)에 걸쳐 점진적으로 비용으로 인식(매년 1억 원씩 50여 년에 걸쳐 비용으로 인식할 경우)한다.

발생주의 회계는 회사의 건물 신축비용이 회사의 영업활동 기간에 걸쳐 장기간에 걸쳐(예를 들어, 50년간) 반영되면서, 이러한 비용이 매년 회사 제품의 원가 또는 판매관리비 등에 반영되고 있다. 따라서 발생주의 회계는 회사의 성과에 기반한 수익과 이에 대응한 비용을 고려하여, 이익을 산정하는데 보다 적합하다.

현금주의는 건물 신축 전후에 지출한 현금 등의 지출이 모두 비용으로 반영되므로, 회사 건물 신축 전후 시점에서는 과다한 비용이 인식되어 이익 등이 부진하게 보고된다. 그러나 건물 신축이 완공된 이후에는, 회사 수익에 대응한 건물 사용 관련 비용이 반영되지 않으므로 회사의 이익 등이 오히려 과대하게 보고된다. 현금주의 회계에서는 이익 변동성이 크게 나타나며, 당해 연도 경영성과, 이익 등이 제대로 보고되지 않는다.

1-4. 발생주의 회계에서도 중요한 현금흐름 정보

한편 실제 기업이 보유한 현금 잔액, 현금흐름, 자금조달 등에 대한 정보의 중요성을 고려한다면, 현금주의에 기반한 현금흐름에 관한 정보를 무시할 수는 없다. 발생주의 회계가 현금주의 회계와 차이가 존재한다는 점을 인지하면서, 발생주의 회계에 기반한 경영성과, 이익 등을 보고하는 것이 중요하다.

거래 발생 시점보다 늦게 현금을 지급하거나 수취하는 거래가 있을 수 있다. 또한 거래 발생시점 이전에(보다 빨리) 현금을 지급하거나 수취할 수도 있다. 또한 수익이나 비용을 현금 지급 및 수취 시점에 모두 반영하지 않고, 추정 등에 의거하여 수익 또는 비용을 분산하여 반영할 수도 있다. 이러한 경우 모두 발생주의와 현금주의 회계의 기록에 차이가 존재할 수 있다.

기업이 1,000억 원이라는 이익이 보고되었더라도(이는 발생주의 회계에 기반한 이익이므로), 기업 금고에 현재 1,000억 원의 돈이 입금되었다는 것이 아니라는 사실을 인지할 필요가 있다.

1-5. 발생주의 회계 산물(발생주의와 현금주의 차이)

현금주의 회계에서는 존재하지 않았으나, 발생주의 회계의 산물로 생겨난 회계용어들이 있다. 예를 들어 매출채권, 매입채무 등이 발생주의 회계로 인해 생겨난 용어, 산물들이다.

현금주의 회계는 현금 수취, 지급이라는 객관적 시점의 파악이 용이한 반면, 발생주의 회계에서 현금 수취, 지급이 수반되지 않는 수익 및 비용의 발생 등에 대한 객관적 확인이 쉽지 않다. 따라서 발생주의 회계에서는 경영자의 주관적 판단에 영향을 받는 회계항목들이 존재한다. 발생(accrual), 이연(deferral), 추정(estimates) 항목들이 경영자가 주관적 추정, 판단 등이 영향을 미칠 수 있는 발생주의 회계의 산물들이다.

발생(accrual) 항목들은 현금수취 및 지급이 거래 발생 시점보다 늦게 발생한 경우에 생겨난 회계처리 용어, 산물들이다. 예를 들어, 미지급비용(비용 발생에도 불구하고 현금을 지급하지 않은 경우), 미수수익(수익 발생에도 불구하고 현금을 받지 못한 경우), 매출채권(매출이 발생했으나 현금을 수취하지 않은 경우), 매입채무(재고자산 등의 매입에도 불구하고 현금을 지불하지 않은 경우) 등이 발생(accrual) 회계처리 항목들이다.

이연(deferral)은 거래 발생 시점보다 빨리 현금수취 및 지급이 이루어진 경우의 회계처리 용어, 산물들이다. 예를 들어, 선급비용(비용이 발생하기 전에 미리 현금을 지급한 경우), 선수수익(수익이 발생하기 전에 미리 현금을 수취한 경우) 등이 이연(deferral) 회계처리 항목들이다.

추정(estimates)은 수익이나 비용의 발생을 추정에 근거하여 기록하는 경우의 회계처리 용어, 산물들이다. 예를 들어 감가상각비(유무형 자산의 가치감소분을 추정하여 비용으로 인식), 대손상각비(매출채권 대손 추정을 비용으로 인식), 진행기준 수익 인식(장기공사 등의 수익을 진행률에 의거하여 추정) 등이 회계 추정(estimates) 산물들이다.

이와 같이 현금 입출금을 고려하지 않고, 발생주의를 기록하는 것은 기업 등 회계대상이 계속해서 존재할 것이라는 가정을 전제하고 있기 때문이다. 기업이 거래발생에도 불구하고 미래에 현금을 수취 지급하거나(발생), 현금을 먼저 수취지급하고 거래가 미래에 발생하거나(이연), 미래에 발생할 손실 등을 추정해서 반영하거나(추정) 등의 회계처리가 가능한 것은 미래에도 회계대상인 기업 등이 계속 존재한다는 가정에 기반을 두고 있기 때문에 가능한 것이다.

2. 발생주의 회계의 기본 가정

"발생주의 회계 처리가 가능한 것은 회계대상(기업 등)이 계속하여 존속하는 것(계속 기업)을 가정하고 있기 때문이다. 회계에서 회계대상(기업 등)은 올해 또는 다음 해에 파산, 청산 등으로 소멸하지 않고 계속하여 존속하는 계속기업으로 가정한다." "기업실체의 가정은 회계보고 대상인 기업 등과, 이를 소유하는 주주 또는 소유주는 각각 별도의 실체라는 가정이다. 회계보고 대상인 기업을 기업의 소유주 또는 주주와 독립적으로 존재하는 실체로 보고 회계를 보고한다는 가정으로 발생주의 회계보고에서 주요한 가정(전제)이다."

2-1. 계속 기업(Going Concern)의 가정

발생주의 회계 처리가 가능한 것은 회계대상(기업 등)이 계속하여 존속하는 것(계속 기업)을 가정하고 있기 때문이다. 회계에서 회계대상(기업 등)은 올해 또는 다음 해에 파산, 청산 등으로 소멸하지 않고 계속하여 존속하는 계속기업으로 가정한다.

발생주의 회계에서는 기업을 계속 존재하는 생명 조직체와 같이 계속적 재투자 과정을 통해 구매, 생산, 판매 등의 기업 경영활동을 계속 수행해 가는 계속기업으로 가정한다.

계속기업의 가정에서 기업은 예상 가능한 기간 동안 경영을 계속할 것이며, 경영을 청산하거나 중요하게 축소할 의도나 필요성이 없다는 것을 가정한다. 계속기업의 가정은 발생주의 회계에서 필요한 기본 가정이다.

2-2. 계속 기업의 가정에 의거한 회계처리들

자산의 가액은 취득원가로 기록하는 원칙

기업이 자산을 취득하여 보유할 경우에는 취득원가로 기록하는 것이 원칙이다. 이와 같이 기업 자산을 취득원가로 기록하여 보고하는 것도 계속 기업의 가정에 근거한 것이다. 기업이 자산의 가치를 역사적 취득원가로 기록하는 것이 원칙이지만, 예외적으로 공정가치, 처분가능가치 등으로 기록하는 경우도 있다.[5]

자산의 미래 가치감소분을 감가상각 추정 반영

발생주의 회계에서는 건물, 기계, 자동차 등의 자산을 취득원가로 기록한 다음, 그 취득가액에 기초하여 사용 기간 동안 발생하는 가치감소분을 추정하여 비용으로 배분하는 감가상각 회계로 처리하고 있다.

감가상각 회계처리는 계속기업의 가정이 전제되어야 가능하다. 만약 기업이 계속하여 존속하지 않고 청산이 될 것으로 가정한다면, 기업의 자산가치는 청산가치로 측정 기록되어야 할 것이다. 기업이 계속 존속할 것으로 가정하는 계속기업의 가정은 자산, 부채, 자본 등의 평가를 위해 중요한 전제가 된다.

---

5) K－IFRS에서는 공정가치 또는 시가 등으로 기록하도록 허용하고 있다. 또한 취득원가 주의에도 불구하고, 기업의 재고자산(자산을 재판매 목적으로 보유하는 자산)에서 평가손실이 발생한 경우에는, 회계이 보수주의(손실은 가능한 빠르게 인식하되, 이익은 신중하게 보수적으로 인식)에 따라 재고자산 평가손실을 인식하여 기록한다.

회계기간별 보고

발생주의 회계에서는 회계기간(연간, 반기, 분기 등)을 설정하여 기간별로 회계정보(재무제표)를 보고한다. 이와 같은 기간별 회계보고의 원칙 등도 계속기업의 가정에 근거한 것이다.

기업의 회계보고를 회계기간별로 보고하지 않고, 기업설립부터 청산시점까지 전체 기간을 대상으로 회계를 보고할 수도 있다.[6] 그러나 회계기간별 보고 없이, 청산시점에 회계보고를 한 번에 실시한다면, 회계정보 이용자는 기업이 존속하는 기간동안 유용한 회계정보를 적시에 이용하기 어려울 것이다.

계속기업의 가정을 통해 회계기간을 설정하고, 그러한 회계기간별로 재무제표 등 회계정보를 작성하여 회계정보를 이용하는 이해관계자들에게 유용한 정보를 적시에 제공하는 것이 바람직할 것이다.

2-3. 기업실체(Business Entity)의 가정

기업실체의 가정은 회계보고 대상인 기업 등과, 이를 소유하는 주주 또는 소유주는 각각 별도의 실체라는 가정이다. 회계보고 대상인 기업을 기업의 소유주 또는 주주와 독립적으로 존재하는 실체로 보고 회계

---

6) 기업 설립부터 청산까지 전체 기간을 대상으로 수익, 비용과 그 차이인 이익 또는 손실을 기록할 수도 있다. 또한 기업 설립 당시 자본금과 비교해 청산당시 자산의 현금화 가능한 잔여 자본금과의 비교 등을 통해 객관적 이익을 측정할 수 있다고 주장할 수도 있다.

를 보고한다는 가정으로 발생주의 회계보고에서 주요한 가정(전제)이다.

법인의 형태로 존재하는 기업은 법으로 부여한 인격체로 법인의 주주와 분리된다. 기업의 경영자와 주주가 분리되는 관점에서, 기업의 경영자는 주주가 투자한 자본을 사용한 결과인 경영활동 성과를 정확히 파악하여 주주에게 보고하여야 한다.

기업 주주의 자본을 이용한 경영자의 성과 측정을 위해서는 주주와 분리된 기업실체의 가정이 필요한 것이다. 기업의 대주주가 경영자를 겸임하더라도, 경영자를 겸임한 대주주의 이해가 소수 주주를 포함한 모든 주주의 이해관계와 일치하지 않기 때문에, 주주 자본의 성과를 회계로 보고하기 위해서는 기업실체의 가정이 여전히 필요하다.

개인의 형태로 존재하는 기업에 대한 회계처리에서도 개인 기업을 소유주와 분리하는 기업실체의 가정이 지속된다. 개인기업의 경우에도 소유주의 자금과 기업의 자본은 분리된 형태의 자본이다. 개인기업에 투하된 자본을 운영한 경영성과, 그 결과 현재 개인기업의 재산상태, 현금흐름 등에 대해 기업실체의 가정에 근거한 회계보고를 따라야 한다.

3. 자산, 부채, 자본, 수익, 비용이란?

"자산은 회계의 대상인 기업 등이 보유 통제하는 자원이다. 자산은 현재(바로 지금) 또는 미래(향후)에 기업에 현금흐름(경제적 효익)을 창출할 수 있는 어떠한 것들로 유형 또는 무형의 자원이다. 자산은 현금을 벌어들이면서 동시에 그 가치가 입증되어야 하며, 기업이 자산을 통제할 수 있는 소유권이 있어야 한다."

3-1. 자산이란?

자산은 회계의 대상인 기업 등이 보유 통제하는 자원이다. 자산은 현재(바로 지금) 또는 미래(향후)에 기업에 현금흐름(경제적 효익)을 창출할 수 있는 어떠한 것들로 유형 또는 무형의 자원이다. 여러분이 하나의 기업이라면, 여러분이 가지고 있는 현금, 주택, 자동차, 예금, 주식, 옷, 냉장고, TV 등 유형의 자원과 각종 (넷플릭스, 헬스 등) 회원권 등 무형의 자원이 모두 자산에 포함된다.

기업은 보유한 자산을 이용해 현재 또는 미래에 현금을 창출할 수 있다. 기업은 자산을 매도하거나 또는 자산을 이용하여 현금 등을 벌수 있다. 또한 기업은 자산을 통제할 수 있는 소유권을 가지고 있다. 과거의 거래나 또는 사건의 결과물로 현재 기업이 통제하고 소유하면서 이를 통해 미래에 경제적 효익을 창출할 것으로 기대(미래 현금흐름 창출이 기대)되는 자원이 곧 자산이다. 따라서, 자산은 현금을 벌어들이면서 동시에 그 가치가 입증되어야 하며, 기업이 자산을 통제할 수 있는 소유권이 있어야 한다.

기업이 고용한 직원은 기업의 자산일까? 기업이 고용한 직원은 가치평가가 쉽지 않으며, 매매가 불가능하며, 기업이 소유하지 않는다. 따라서 기업에서 일하는 종업원은 기업의 자산이라고 말하기 어렵다.

기업이 보유하고 있는 기계는 자산인가? 자산이다. 기업이 보유한 기계는 매도를 통해 현금화할 수 있으며, 가치의 평가가 가능하며, 기업이 소유 통제 가능하며, 또한 기업이 매매할 수 있는 권리도 있다. 기업이 보유한 기계는 기업의 자산에 속한다.

기업의 브랜드는 자산인가? 자산이라고 말하기 어렵다. 기업의 브랜드는 기업이 소유하고는 있으나, 현실적으로 기업이 보유한 브랜드를 매매하거나 가치평가를 하기에 애매한 부분이 있다. 따라서 브랜드는 회계상 자산이라고 말하기에 애매한 성격이 있다.

기업 경영활동을 위해서는 자산이 필요하다. 여러분이 스파게티 식당을 창업한다고 가정해 보자. 여러분은 아마 스파게티 식당으로 이용할 건물을 구매하거나, 유사한 공간을 임차하여 식당을 운영할 수 있는 공간을 확보해야 할 것이다. 그리고 스파게티 손님을 접대할 테이블, 의자, 식기 등이 필요할 것이며, 스파게티를 만들기 위해 필요한 여러 가지 식재료가 필요할 것이다. 그 외 스파게티 식당 운영을 위해 필요한 현금도 준비하여야 할 것이다. 스파게티 식당이라는 사업을 위해 필요한 건물(공간), 집기 및 비품, 식재료, 현금 등이 모두 자산에 해당된다. 여기서 주의할 것이 기업이 보유한 현금도 자산의 일종이라는 점을 잊지 말아야 할 것이다. 기업이 보유한 현금은 자금의 일종이므로 자산이 아닐 것이라고 생각하기 쉬운데, 기업이 준비한 현금도 자산의 일종이다.

백화점 등 물건을 판매하는 기업의 경우에는, 백화점에서 판매를 위해 매입, 보유하고 있는 상품이 자산이다. 제품을 직접 제조하여 판매하는 기업(예: 자동차 회사 등 제조업체)의 경우에는 완성된 제품(예: 자동차 등), 제조공정 중에 있는 제품(재공품), 제조를 위한 원재료 등도 모두 해당 기업의 자산이다. 그 외 자산으로 기업이 보유하고 있는 각종 권리(특허권 등) 및 대여금 등도 해당 기업의 자산에 해당된다.

기업의 경영에 필요한 자산을 취득하는 활동을 투자활동이라고 한다. 기업의 경영을 위해 필요한 자산을 위해 필요한 자본(타인자본, 자기자본 등)을 조달하는 활동을 재무활동이라고 한다. 또한 이러한 자산을 이용하여 수익을 창출하는 활동을 영업활동이라고 한다.

이와 같이 자산은 기업 경영의 3가지 주요 활동(재무, 투자, 영업활동)과 밀접한 연관성이 있다. 자산은 기업이 소유하고 통제하면서 경영활동을 통해 미래 현금을 창출할 수 있는 여러 가지 자원을 의미한다.

자산은 창업이후 현재까지 존속하는 동안 누적된 금액이다. 영업활동의 결과 자산은 변화하며, 당기 자산은 차기로 이월되어 계속 존속한다.

3-2. 부채와 자본을 조달해 자산을 취득

기업 경영을 위해서는 필요한 자산은 매입 또는 제조 등의 과정을 거쳐 취득해야 한다. 이러한 자산 취득 등을 위해서는 자금이 필요하다. 자산 취득 등에 필요한 자금은 기업 자체의 자본(자기자본)으로 조달하거나, 타인으로부터 차입한 부채(타인자본)로 조달한다. 자산 취득을 위해 자기자본을 마련하거나 타인으로부터 필요한 자본을 조달하는 활동을 기업의 재무활동이라고 한다.

이와 같이 자산은 자본(자기자본), 부채(타인자본)로 조달한 자금을 이용해 취득한다. 자산 취득 자금조달의 원천은 바로 부채와 자본이다. 부채, 자본을 이용해 조달한 자본으로 기업 경영에 필요한 자산을 취득하는 것을 기업의 투자활동이라고 한다.

자산은 부채와 자본으로 분해할 수 있다. 자산의 금액은 부채와 자본 금액의 합이 되는 것이다. 자산이 부채와 자본의 합이라는 것은, '자산 = 부채 + 자본'이라는 회계등식과 일치한다.

회계등식은 회계의 출발점이다. 모든 회계 거래의 기록은 회계등식의 분석 결과에서 출발한다.

3-3. 부채는?

부채는 기업이 소유한 자산 가운데 타인으로부터 빌린 자금으로 취득한 부분이다. '자산 = 부채 + 자본'라는 회계등식에서 자산 취득의 자금조달 원천 가운데 타인으로부터 빌린 자금이 부채이다.

따라서 자금을 빌려준 타인은 채권자이다. 채권자는 부채 재원으로 취득한 자산에 대한 소유권(또는 빚에 대한 청구권)을 주장할 수 있다. 채권자의 청구권으로서 부채는 자본과 비교해 채권자에게 우선적인 권리가 보장된다. 이러한 의미에서 회계등식의 우측(= 부채 + 자본)에서 부채는 자본보다 앞서 위치하고 있다.

부채는 기업이 미래에 현금 등으로 상환해야 하거나, 재화 또는 서비스를 제공해야 하는 경제적 의무이다. 기업은 부채를 상환하기 위해 미래 현금을 지출하거나, 미래 현금을 창출할 기회를 포기하고 타인에게 재화 또는 서비스를 제공해 주는 의무이다.

따라서 부채는 기업의 과거 거래나 사건의 결과로 현재 기업이 부담하는 의무 등으로, 기업의 미래 현금흐름 감소에 기여한다.

재무제표에 표시되는 부채(금액)도 자산과 마찬가지로 기업 창업이후 현재까지 발생하여 누적된 부채 금액을 의미한다.

3-4. 자본은?

주주는 기업 출자(주식 취득)를 통해 회사의 주인이 된다. 자본은 기업의 주인인 주주가 자신이 출자한 회사에 대한 '몫'을 의미한다. 자본은 주주가 기업에 출자한 금액과 기업이 영업활동을 통해 벌어들인 순이익을 포함한다. 따라서 자본은 주주가 출자한 자본에 기업 영업활동 결과인 순이익이 누적되어 합해진 금액이다. 따라서 기업의 자본 금액도 기업이 존속하는 동안 변화한다. 재무제표의 자본도 자산, 부채와 마찬가지로 창업이후 현재까지 누적된 금액이다.

자본은 기업이 소유한 자산 가운데 주주 등 소유주의 자금으로 취득한 부분이다. 회계등식(자산 = 부채 + 자본)에서 채권자의 청구권으로서 부채는 자본에 대한 우선 권리를 부여한다. 따라서 자본은 자산에서 부채(채권자의 청구권)를 차감한 잔여액이다. 이러한 의미에서 자본을 회사의 자산에 대한 주주(소유주)의 잔여청구권(자산−부채 = 자본)이라고도 한다. 또한 회사의 총자산에서 부채를 제외한 금액이라는 의미에서 자본을 순자산이라고도 표현한다.

자본은 소유주의 자기자본으로 조달한 자본이라는 의미에서 자기자본으로도 불린다. 부채는 타인으로부터 조달한 자본이라는 의미에서 자기자본과 구분하여 타인자본으로 불린다. 따라서 부채를 타인자본, 자본을 자기자본으로 구분한다. 자산은 타인자본과 자기자본의 총합이므로, 자산을 총자본이라고도 한다.

3-5. 수익은?

수익은 특정 기간(회계 기간) 동안 경영활동을 통해 벌어들이는 자산, 자본의 증가를 의미한다. 기업의 수익은 현금을 수취하거나 또는 매출채권과 같은 권리 등의 자산 증가, 또는 부채의 감소 등의 결과로 나타난다. 기업 수익을 통해 증가한 자산 증가, 부채 감소는 자본 증가에 기여한다. 기업의 수익은 특정 기간(회계 기간) 동안 자산 증가, 부채 감소 등을 통해 자본 증가에 기여하는 경제적 효익을 의미한다.

기업의 수익은 주된 영업활동을 통해 벌어들이는 매출액과 주된 영업활동 이외에 벌어들이는 기타 수익으로 구분된다. 기업 매출과 같이 기업의 주된 영업활동을 통해 벌어들이는 수익(현금 또는 권리 취득 등)을 영업수익이라고 한다. 영업수익을 달리 매출액이라고 한다. 기업이 영업활동 이외에 영업과 무관한 활동 또는 원천으로부터 벌어들이는 수익을 영업외수익이라고 한다.

기업의 영업 수익, 즉 매출은 기업이 영위하는 업종에 따라 재화(제품, 상품 등)를 판매하거나, 용역(서비스) 제공 등을 통해 발생한다. 기업의 영업활동 이외에 벌어들이는 영업외수익은, 기업의 주된 영업활동 이외의 다양한 경영활동 또는 원천으로부터 발생한다.

예를 들어, 자동차, 전자제품 등을 제조하여 판매하는 기업이 제조하는 제품(자동차, 전자제품 등)의 제조 판매 등을 통해 벌어들이는 수익이 영업수익이다. 그 이외에 보유하는 자산을 처분하거나, 또는 임대, 투자 등 영업활동 이외의 원천으로부터 발생하는 수익은 영업외수익에 해당된다. 한편 여행, 교육 등 서비스를 제공하는 회사는 이러한 서비스 제공을 통해 벌어들이는 수익이 영업수익이다. 이러한 서비스 제공 이외의 자산 처분, 임대, 투자 등 영업활동 이외의 원천으로부터 발생하는 수익은 영업외수익에 해당된다.

3-6. 비용은?

비용은 수익 창출과정에서 필연적으로 발생하는 지출로 자산의 감소(현금 지급, 권리 소멸 등), 부채의 증가 등의 결과로 나타난다. 특정 기간(회계 기간) 동안 자산 감소, 부채 증가 등의 결과로 나타나는 비용은 자본의 감소에 기여하는 경제적 희생을 의미한다.

비용은 주된 영업활동 과정에서 발생하는 영업비용과 주된 영업활동과 무관하게 발생하는 영업외비용으로 구분된다. 영업비용은 영업수익에 대응한 자산, 자본의 감소이며, 영업외비용은 영업외수익에 대응한 자산, 자본의 감소이다. 영업비용은 매출원가, 판매비와관리비로 구분된다. 따라서 비용은 크게 영업비용에 해당하는 매출원가, 판매비와관리비 그리고 영업외비용으로 구분된다.

4. 회계거래와 회계등식

"기업의 자산, 부채, 자본의 변동을 초래하면서 화폐금액으로 측정가능한 거래는 회계기록의 대상인 회계거래이다." "회계 등식은 '자산 = 부채 + 자본'으로 재무상태표를 구성하는 요소들 간의 상호관계를 나타내는 식이다. 회계등식을 말로 풀이한다면, '자산은 부채와 자본의 합이다.'를 의미한다. 회계등식 '자산 = 부채 + 자본'에서와 같이 자산은 부채와 자본의 합과 항상 일치한다."

4-1. 회계 기록의 대상이 되는 회계거래는?

기업의 자산, 부채, 자본의 변동을 초래하면서 화폐금액으로 측정가능한 거래는 회계기록의 대상인 회계거래이다. 기업의 수익, 비용의 차이가 자본의 증감에 영향을 미치므로, 기업의 수익, 비용에 영향을 미치면서 화폐금액으로 측정 가능한 거래도 회계거래이다. 따라서 회계기록의 대상이 되는 회계거래는 자산, 부채, 자본, 수익, 비용에 영향을 미치고, 이를 화폐단위로 측정 가능한 거래이다. 자산, 부채, 자본, 수익, 비용을 재무제표 구성요소라고 한다. 따라서 재무제표 구성요소에 영향을 미치는 거래가 회계거래이다.

기업과 타 실체 간의 경제적 거래가 아닌 사건도 기업의 자산, 부채, 자본에 영향을 미치면 회계기록 대상인 회계거래에 해당된다. 예를 들어, 재해로 인한 상품 등 자산의 멸실 등의 사건은 회계거래이다.

한편 법적인 거래라 하더라도, 자산, 부채, 자본, 수익, 비용 등 재무제표 구성요소에 영향을 미치지 않는다면 회계거래가 아니다. 예를들어 기업이 다른 경제적 실체와 상호협약, 계약 등을 선언하더라도 계약금 등 금액을 지급하거나 수령하지 않으면 회계거래가 아니다. 계약금 등의 지급이 없는 계약은 자산, 부채 등에 변화가 없으므로 이러한 계약 체결은 회계거래가 아니다. 건물임대차계약, 물품공급계약 등을 체결하더라도 자산, 부채 등에 변화를 일으키는 금전거래가 포함되지 않으면 회계거래에 해당되지 않는다.

4-2. 회계 등식(자산 = 부채 + 자본)

회계 등식은 '자산 = 부채 + 자본'으로 재무상태표를 구성하는 요소들 간의 상호관계를 나타내는 식이다. 회계등식을 말로 풀이한다면, '자산은 부채와 자본의 합이다.'를 의미한다. 회계등식 '자산 = 부채 + 자본'에서와 같이 자산은 부채와 자본의 합과 항상 일치한다. 자산은 부채 또는 자본으로 조달한 자금으로 취득하였기 때문이다.

자산은 기업활동을 위해 기업이 보유하는 모든 자원을 의미한다. 이러한 자산을 취득하기 위해서는 자금이 필요한데, 이러한 자금은 타인에서 자금을 조달하는 '부채(타인자본)'를 이용해 취득하거나, 주주가 출자한 자금 (자본) 또는 기업 스스로 벌어들이는 자금(자본)을 이용해 취득한다. 부채 없이 자본을 이용해 조달한 자금으로 자산을 취득할 수도 있고, 자본 없이 부채만을 이용해 조달한 자금으로 자산을 취득할 수도 있다. 또는 부채와 자본을 모두 이용하여 조달한 자금으로 자산을 취득할 수도 있다.

회계등식('자산 = 부채 + 자본')의 오른쪽에 있는 '부채'와 '자본'은 자금의 조달, 기업의 '재무활동'을 의미한다. 회계등식의 왼쪽에 위치한 '자산'은 부채와 자본을 이용해 조달한 자금으로 취득하므로, 회계등식의 왼쪽은 부채와 자본을 이용해 자산을 취득하는 기업의 '투자활동'을 의미한다.

회계등식 '자산 = 부채 + 자본'은 재무상태표의 구조와 일치한다. 따라서 회계등식을 달리 '재무상태표 등식'이라고도 한다. 회계등식의 자본은 기업 영업활동 결과로 발생한 수익과 비용의 차이에 의해 적립되는 자본에 의해서도 변화된다. 따라서 수익과 비용은 회계등식의 자본 항목을 통해 간접적으로 회계등식에 연관되어 있다. 수익은 자본의 증가에 기여하며, 비용은 자본의 감소에 기여한다. 수익과 비용을 고려하여 회계등식을 수정하면, '(기말)자산 = (기말)부채 + (기말)자본(=기초자본 + 수익－비용)'으로도 표현할 수 있다.

4-3. 회계거래와 회계등식

회계거래는 기업의 자산, 부채, 자본의 변동을 초래하면서 화폐금액으로 측정 가능한 거래 또는 사건이다. 따라서 회계거래는 회계등식의 구성요소인 자산, 부채, 자본에 영향을 미치는 거래이다. 회계거래는 회계등식의 좌측과 우측에 동일한 금액으로 영향을 미친다. 따라서 회계거래가 발생하더라도 회계등식(자산 = 부채 + 자본)은 항상 성립한다.

수익과 비용의 차이는 당기순이익(또는 손실)을 통해 자본의 증감에 영향을 미친다. 따라서 수익, 비용 발생을 통해 자본의 증감에 영향을 미치는 거래도 회계등식과 연관되어 있다. 자산, 부채, 자본, 수익, 비용 등 재무제표 구성요소에 영향을 미치는 사건은 회계등식과 연관되어 있다.

회계거래가 발생하면 자산, 부채 또는 자본(수익, 비용 포함)의 세부항목 가운데 2개 이상의 항목이 동시에 영향을 받는다. 회계 거래에는 자산, 부채, 자본의 변화를 일으키는 원인과 결과의 내용을 모두 포함하고 있다. 회계등식은 회계거래를 복식부기로 기록하는 출발점이자 기본 개념이다.

예를 들어, 현금을 차입한 거래를 살펴보자. 차입을 통해 차입금이라는 부채가 증가하는 원인이 발생해서 결과적으로 현금이라는 자산이 증가하였다. 회계등식에서 오른쪽에 있는 부채의 증가와 왼쪽에 있는 자산의 증가와 동일한 금액으로 증가하여, 회계등식(자산 = 부채 + 자본)은 거래 발생 전후 모두 유지되고 있다.

다음 사례로, 현금을 지불하고 상품을 취득한 거래를 살펴보자. 현금 지급으로 현금이라는 자산이 감소하면서, 동시에 상품이라는 자산이 증가하였다. 자산의 구성항목은 변화가 있지만, 총자산은 변화가 없다. 거래 발생 이전과 이후 모두 '자산 = 부채 + 자본'이라는 회계등식은 유지되고 있다.

4-4. 회계거래의 양면성

회계거래는 기업의 자산, 부채, 자본의 변동을 초래하면서 화폐금액으로 측정 가능한 거래 또는 사건이라고 하였다. 수익과 비용도 자본의 변동에 영향을 미치므로, 회계거래는 자산, 부채, 자본, 수익, 비용에 영향을 미치는 거래라고 할 수 있다.

회계거래는 자산, 부채, 자본(수익, 비용 포함) 가운데 2개 이상의 항목에 동시에 영향을 미친다. 2개의 항목 가운데 하나는 원인이고 하나는 결과이다. 회계거래는 원인과 결과를 동시에 포함하고 있다. 이를 거래의 양면성(duality of transaction)이라고 한다. 복식부기는 이러한 거래의 양면성을 반영하기에 적합하다. 복식부기는 거래의 원인과 결과 양 측면을 함께 기록한다.

예를 들어, 현금을 차입한 거래를 살펴보자. 차입을 통해 차입금이라는 부채가 증가하는 원인이 발생해서 결과적으로 현금이라는 자산이 증가하였다. 자산과 부채가 동시에 변동하였는데, 현금이라는 자산이 변동한 이유는 현금 차입이라는 부채를 발생시키는 행위를 하였기 때문이다. 현금 차입에 따른 부채 증가(원인), 부채 발생의 결과 현금이라는 자산 증가(결과)가 동시에 나타나는 거래이다. 복식부기 회계는 부채의 증가(원인), 자산의 증가(결과)를 동시에 기록한다.

다음 사례로, 현금을 지급하고 상품을 취득한 거래를 살펴보자. 현금지급으로 상품 자산이 증가하면서, 그 결과 현금 자산이 감소하였다. 자산의 구성항목은 변화가 있지만, 총자산은 변화가 없는 거래이다. 상품이라는 자산을 증가시킨 행위(원인), 현금이라는 자산이 감소(결과)가 동시에 나타나는 거래이다. 복식부기 회계는 상품 자산의 증가(원인), 현금 자산의 감소(결과)를 동시에 기록한다.

5. 회계거래 기록과 분개

"분개는 회계거래를 차변과 대변으로 구분해 기록하는 것이다. 분개는 회계거래를 차변에 기록할 항목, 대변에 기록할 항목으로 구분하여 어떠한 계정과목을 기입하고 얼마의 금액을 기입할 것인가를 결정하고 기록하는 절차이다. 즉, 회계 기록의 대상이 되는 사건, 거래를 하나하나 분석해서 거래의 원인과 결과를 회계상의 장부(분개장)에 차변과 대변으로 구분하여 기입하는 것을 분개라고 한다."

5-1. 회계거래 기록 장소, 차변(借邊, Debit)과 대변(貸邊, Credit)

회계거래 기록은 회계거래의 내용을 분석해서(회계거래 원인과 결과에 해당하는) 과목명과 금액을 왼쪽과 오른쪽에 기록한다. 회계거래를 기록하는 왼쪽을 차변(借邊, Debit), 회계거래를 기록하는 오른쪽을 대변(借邊, Debit)이라고 한다.

차변, 대변이라는 명칭은 복식부기 사용 이전, 현금거래를 주로 회계로 기록하는 시기부터 사용된 것으로 추정된다. 과거 회계는 돈(현금)의 흐름을 중심으로 거래를 기록하였다. 따라서 차변과 대변의 어원은 현금중심의 거래에서 현금의 증가, 감소를 기록하는 관습에서 출발하였다.

현금이 들어오면(증가하는) 왼쪽에, 현금이 나가면(감소하면) 오른쪽에 기록하였다. 현금을 다른 사람으로부터 빌리면(차입하면), 현금이 증가하므로 현금이 증가하는 왼쪽을 차변(借邊, Debit)이라고 하였다. 반대로 현금을 다른 사람에게 빌려주면(대여하면), 현금이 감소하므로 현금이 감소하는 오른쪽을 대변(貸邊, Credit)이라고 하였다.

다음은 현금 계정을 대문자 T자 모양의 T계정으로 표현한 것이다. 현금의 입출을 기록하는 현금계정에서 왼쪽을 차변, 오른쪽을 대변이라고 부른다.

현금(계정)

차변 (현금계정의 왼쪽)	대변 (현금계정의 오른쪽)

현금이 들어온다는 것은 현금의 증가를 의미하므로, 현금의 증가는 차변에 기록한다. 현금이 나가는 것은 현금의 감소이므로, 현금의 감소는 대변에 기록한다. 현금계정의 차변에는 현금의 잔액을 기록하고, 대변에는 현금의 감소를 기록하므로, 현금 계정에서 현금의 잔액은 현금의 차변기입액의 합계에서 대변기입액의 합계를 차감한 것과 일치한다. 즉 '현금잔액 = 차변기입 현금 합계 − 대변기입 현금 합계'의 관계가 성립한다. 이는 가계부 또는 예금통장 등에서 현금 잔액을 계산하는 것과 동일한 원리이다.

현금(계정)

현금의 증가를 기록하는 장소	현금의 감소를 기록하는 장소
차변이라고 부름 (현금계정의 왼쪽)	대변이라고 부름 (현금계정의 오른쪽)

오늘날 회계거래 기록은 현금뿐 아니라, 현금 이외의 자산, 부채, 자본, 수익, 비용 등 다양한 거래를 회계기록 대상으로 하고 있다. 이러한

자산, 부채, 자본, 수익, 비용 등의 변화(증감)을 반영하는 회계기록은 현금 거래와는 차이가 있다. 그럼에도 불구하고, 분개에서 기록하는 장소의 왼쪽을 차변, 오른쪽을 대변이라는 명칭으로 부른다. 이는 과거 오랜 옛날, 현금거래를 기록하는 시대에서 비롯된 명칭이기 때문이다.

차변, 대변은 자산, 부채, 자본, 수익, 비용 등의 증감 및 발생을 기록하는 계정상 표시를 구분하기 위한 이름일 뿐이다. 차변, 대변은 각 계정의 표시를 구분하기 위한 이름이다. 차변, 대변은 각 계정에서 '들어온 것'과 '나간 것'을 구분하여 기록하는 장소인 것이다.

5-2. 분개(分介, Journalizing, Transaction Analysis)

분개는 회계거래를 차변과 대변으로 구분해 기록하는 것이다. 분개는 회계거래를 차변에 기록할 항목, 대변에 기록할 항목으로 구분하여 어떠한 계정과목을 기입하고 얼마의 금액을 기입할 것인가를 결정하고 기록하는 절차이다. 즉, 회계기록의 대상이 되는 사건, 거래를 하나하나 분석해서 거래의 원인과 결과를 회계상의 장부(분개장)에 차변과 대변으로 구분하여 기입하는 것을 분개라고 한다.

분개(分介)는 나눌 분, 끼울(낄) 개를 사용한 한자어로 '나누어 끼워 맞춘다.', '나누고 가지를 친다', '나누어 격리시킨다.'라는 의미이다. 분개는 회계거래가 발생하면 그 거래를 나눠서(분석) 해서 회계에서 정한 규칙대로 차변과 대변에 끼워 맞추어 기록하는 과정이라는 뜻이다. 나무가 울창한 숲에서 길을 헤쳐 나가려면 가지를 쳐서 앞을 보이게 해야 길을 헤쳐나갈 수 있다. 복잡한 회계거래를 이해하기 쉬운 회계정보로 바꾸기 위해서는, 회계거래를 '나누고 가지를 치거나, 나누고 격리시켜' 정리 기록해야 한다. 다양하고 복잡한 거래, 사건을 정리해서 기록하는 과정이 분개(分介)이다.

분개는 영어로는 Journalizing 또는 Transaction Analysis라고 한다. Journal은 항해사들이 배의 운항 중에 매일 기록하는 항해일지이며, 이러한 항해일지를 작성하는 것을 Journalizing이라고 한다. 과거 배를 통해 무역하는 시기에, 선장 또는 항해사가 장거리 항해 운송결과를 화주, 투자자들에게 보고 설명하기 위한 근거로 항해 일지가 이용되었다. 따라서 일정 기간 항해 결과 보고에 대한 근거의 출발은 항해일지의 작성(Journalizing)에서 출발한다. 중세시대 장거리 항해무역과 함께 회계가 발전하였다. 장거리 항해무역 결과의 보고의 근거로 항해일지를 이용하면서, 회계 분개를 Journalizing이라고 부르게 되었다. 또는 분개를 거래의 분석이라는 의미에서 Transaction Analysis라고도 한다.

분개 기록은 분개 내용을 기록하는 '분개장'이라는 장부에 기입한다. 거래의 원인과 결과를 분석하여 차변, 대변에 적절한 계정과목과 금액을 기입한다. 오늘날에는 실제 대부분 기업들이 전산회계시스템을 이용해 분개 내용을 입력한다. 즉 분개에서는 ① 어떠한 계정으로 기록할 것인지, ② 얼마의 금액으로 기록할 것인지, ③ 차변과 대변 어느 쪽에 기록할 것인지를 판단한다.

다음은 분개장에 분개 결과를 기록한 예시이다. 거래에 대한 원인과 결과를 분석하여, 차변과 대변에 어떤 계정으로 얼마의 금액 기록할 것인지를 분석하여 해당 내용을 기록한다.

〈분개 예시〉

일자	차변계정	차변금액	대변계정	대변금액	적요
5월 1일	현금	1000	자본금	1000	자본금 출자
5월 2일	현금	150	차입금	150	A은행에서 차입
5월 5일	현금	200	서비스매출	200	B회사에 서비스매출

분개 결과를 간략히 기록할 경우에는, 이용자의 편의대로 차변, 대변에 들어갈 항목과 금액을 구분하여 다음과 같은 간편 분개[7] 등으로 분개 내용을 기록할 수도 있다.

5월1일
(차변) 현금 1,000　　　　(대변) 자본금 1,000

현금 1,000만 원을 자본금으로 출자하여 회사를 설립하다.

5-3. 전기(轉記, Posting)

전기는 분개한 결과를 총계정원장의 해당 계정(예: 현금, 자본금, 차입금, 급여, 재료 등)으로 재분류하여 증감과 잔액을 기록하는 것이다. 전기의 결과, 분개장의 회계거래 내용이 해당 계정에 옮겨지는 것이다. 전기는 회계거래 분개 내용을 총계정원장을 거쳐 각 해당 계정으로 옮겨 기록

7) 간편 분개는 차변 왼편, 대변 오른편으로 구분하여 분개 결과를 이해하기 쉽게 표기한 분개이다.

함으로써, 특정 시점에서 각 계정의 잔액을 확인할 수 있도록 한다.

분개결과를 그대로 두고 전기를 하지 않는다면, 어떠한 거래로 어떠한 계정에 변화가 있었는지를 체계적으로 정보화하기 어렵다. 계정의 증감과 잔액에 대한 정보를 제공하기 위해서는 분개 이후에 전기 과정이 반드시 이행되어야 한다.

전기는 한자어로는 '轉記' 영어로는 'posting'이라고 한다. 한자어 轉記는 한 장부에서 다른 장부로 기재(記載) 사항(事項)을 옮겨 적는 것이라는 의미이다. 전기는 분개장의 내용을 총계정원장의 각 계정별로 옮겨 적는다는 의미이다. 전기의 영어명은 'posting'으로 분개한 결과를 원장과 각 계정에 분류하여 입력하는 것을 의미한다.

5-4. 분개와 전기(T-계정을 이용한 예시)

전기는 분개의 결과를 각 계정으로 옮겨 적는 것이다. 분개의 결과를 계정으로 전기함으로써 각 계정의 잔액 또는 증감을 파악할 수 있다.

분개 결과의 T−계정으로 전기는 ① 분개 결과의 차변(왼편)과 대변(오른편)에 분개된 계정을 파악한다. ② 분개 결과의 차변(왼편) 내용을 총계정원장의 해당 계정의 차변(왼편)에 옮겨 적는다. ③ 분개 결과의 대변(오른편) 내용을 총계정원장의 해당 계정의 대변(오른편)에 옮겨 적는다.

분개의 결과를 각 계정으로 전기되는 과정의 사례를 T−계정[8]을 이

8) 실무에서는 계정별 원장을 T자 모양으로 표현하여 보고 또는 설명하기도 한다. T

용해 설명하면 다음과 같다.

5월1일 현금으로 자본금을 1,000억 원 출자한 회계 거래에 대한 (간편) 분개 결과, 그리고 해당 계정인 현금, 자본금 계정(T−계정)으로 전기한 결과는 다음과 같다.

〈분개에 대한 설명〉

자본금 출자(원인)로 현금이 증가(결과)한 거래로 현금의 증가는 차변, 자본금의 증가는 대변에 기록한다.

(차변) 현금 1,000억 원　　　(대변) 자본금 1,000억 원

〈전기한 결과〉

현금, 자본금 T−계정으로 전기한 결과, 현금과 자본금 계정의 증가 반영

(단위: 억 원)

현금 (차변)	현금 (대변)
5월1일 자본금 1,000	

자본금 (차변)	자본금 (대변)
	5월1일 현금 1,000

현금계정의 차변에는 거래일자 5월1일를 기록하고, 현금이 증가한 사유가 자본금 출자이므로 자본금이라고 내용을 기재하고 증가한 금액 1,000억 원을 차변에 전기한다.

자본금계정의 대변에는 거래일자 5월1일을 기록하고 자본금이 증가한 사유가 현금 증가이므로 현금이라는 내용을 기재하고 증가한 금액 1,000억 원을 대변에 전기한다.

−계정은 계정의 핵심 기능인 차변, 대변을 T자 모양의 계정으로 만들어, (전기 결과) 각 계정의 증감, 잔액에 대한 정보를 제공하는 간편 계정이다.

5-5. 분개와 계정으로의 전기 〈예시〉

5－4에 설명한 자본금 출자 이외에 거래 사례를 추가하여 전기를 구체적으로 살펴보자. 분개 결과를 총계정원장의 계정별 원장으로 전기한 예시는 다음과 같다.

① 먼저 거래 1, 2, 3은 다음과 같다.

거래 1, 5월1일 현금 1,000억 원을 자본금으로 출자하여 회사를 설립하였다.

거래 2, 5월2일 A은행에서 현금 150억 원을 차입하였다.

거래 3, 5월5일 B회사에 서비스를 제공하고 200억 원의 현금을 받았다.

② 거래1, 2, 3의 분개는 다음과 같다.

(단위: 억 원)

일 자	차변계정	차변금액	대변계정	대변금액	적 요
5월 1일	현금	1,000	자본금	1,000	자본금 출자
5월 2일	현금	150	차입금	150	A은행에서 차입
5월 5일	현금	200	서비스매출	200	B회사에 서비스매출

↓

③ 전기: 거래 1, 2, 3을 전기한 결과는 다음과 같다.

(단위: 억 원)

일 자	회계계정	차변금액	대변금액	적 요
5월 1일	현금	1,000		자본금 출자
5월 1일	자본금		1,000	자본금 출자
5월 2일	현금	150		A은행에서 차입
5월 2일	차입금		150	A은행에서 차입
5월 5일	현금	200		B회사에 서비스매출
5월 5일	서비스매출		200	B회사에 서비스매출

④ 전기한 결과를 각 계정별로 증감을 확인

계정별 전기 결과를 해당 계정별로 분류한 결과 확인이 가능하다. 현금이외에 다양한 계정(자본금, 차입금, 서비스매출 등)별로 각 계정의 증감 내역에 대한 정보를 확인할 수 있다.

여러 계정 가운데 〈현금〉 계정에 전기된 결과를 살펴보면 다음과 같다. 전기의 결과, 5월1일부터 5일까지 3개 거래에 따른 현금의 증가, 그리고 5월5일 현재 현금계정 잔액을 확인할 수 있다.

• 계정별 원장-현금

(단위: 억 원)

일 자	차변금액	대변금액	적 요
5월 1일	1,000		자본금 출자
5월 2일	150		A은행에서 차입
5월 5일	200		B회사에 서비스매출
합계	1,350		
잔액	1,350		

앞의 거래는 현금이 증가한 거래(5월1일, 2일, 5일의 회계거래)만 제시되어, 현금 감소 회계거래 4, 5를 추가하여 사례를 구성한다.

거래4, 5월6일 종업원에게 급여 현금 250억 원을 지급하였다.

거래5, 5월7일 재료구매 대금으로 현금 100억 원을 지급하였다.

거래 4, 5를 추가한 다음, 현금 계정에 전기한 결과는 다음과 같다. 전기의 결과, 5월1일부터 7일까지 5개 거래에 따른 현금의 증가와 감소, 그리고 5월7일 현재 현금계정 잔액을 확인할 수 있다..

● 계정별 원장-현금

(단위: 억 원)

일 자	차변금액	대변금액	적 요
5월 1일	1,000		자본금 출자
5월 2일	150		A은행에서 차입
5월 5일	200		B회사에 서비스매출
5월 6일		250	종업원 급여 지급
5월 7일		100	재료 구매 지급
합계	1,350	350	
잔액	1,000		

위 현금 계정을 T계정으로 표현하면 아래와 같다.

〈계정별 원장-현금을 T-계정 현금으로 바꾸어 표현한 예시〉

현금 (단위: 억 원)

5월1일 자본금	1,000		
5월1일 차입금	150		
5월5일 서비스매출	200	5월6일 종업원급여	250
		5월7일 소모품지급	100
잔액	1,000		

6. 회계등식과 회계기록, 복식부기

"회계등식 '자산 = 부채 + 자본'에서 자산, 부채, 자본의 위치를 통해 자산, 부채, 자본의 증감을 기록하는 장소로 차변, 대변을 파악할 수 있다. 자산, 부채, 자본의 증가(+)는 회계등식에서 원래 위치하는 자리이다. 원래 위치와 반대편의 자리로 옮기면, 부호가 바뀌어 감소(－)를 의미한다."

6-1. 회계거래 효과와 회계등식

회계에서는 회계거래를 기록하는 방법으로 복식부기를 사용한다. 복식부기 원리를 위해서는 먼저 회계등식(자산 = 부채 + 자본)을 이용한 회계거래 기록방법을 이해할 필요가 있다.

회계거래는 자산, 부채, 자본(수익, 비용 포함) 중 적어도 2개 이상의 항목에 영향을 준다. 회계거래가 자산, 부채, 자본에 영향을 미침에도 불구하고, 회계등식은 거래 발생 전후에 항상 성립한다. 다만, 회계등식이 성립하더라도 자산, 부채, 자본의 개별 총액은 달라질 수 있다. 그럼에도 불구하고, 회계등식 왼편의 '자산' 총액과 오른편의 '부채 + 자본'의 총액은 항상 일치한다.

거래 발생 전		거래의 발생		거래 발생 후
자산 = 부채 + 자본	+	자산, 부채, 자본항목의 변동	=>	자산 = 부채 + 자본
(총액) (총액) (총액)				(총액) (총액) (총액)

6-2. 회계등식과 재무상태표

회계등식 '자산 = 부채 +자본'은 회계의 기본명제이다. 회계등식은 회계의 기본 토대가 되는 개념이다. 회계등식에서, 부채가 없다면 자산은 곧 자본(자산 = 자본)이며, 자본이 없다면 자산이 곧 부채(자산 = 부채)이다.

회계등식에 등장하는 자산, 부채, 자본은 핵심 재무제표의 하나인 재무상태표를 구성하는 항목이다. 재무상태표는 회계기말 시점에서의 회사의 자산상태와 재무조달 상태를 나타내는 재무제표이다. 재무상태표는 기말시점의 회계등식 즉, '기말자산 = 기말부채 + 기말자본'을 나타낸다.

재무상태표는 회계기말 시점에서 어떠한 자본조달 방법(부채와 자본을 활용)을 이용하여 자산을 취득한 상태를 설명하고 있다. 회계등식의 왼편 자산의 합계가 오른편 부채와 자본의 합계와 일치하는 이유는 자산이 부채와 자본을 활용하여 나온 결과이기 때문이다.

회계등식은 조달한 재원(부채, 자본)의 금액과 이를 활용하여 취득한 결과(자산)의 크기는 동일한 것을 설명하고 있다. 부채와 자본이 자금의 조달원이라면, 자산은 자금의 사용처이다. 회계등식의 우측 부채와 자본은 기업의 재무활동을 설명한다. 회계등식 좌측의 자산은 이러한 재무활동을 통해 조달한 자금을 이용해 투자한 활동의 결과이다.

재무상태표를 '대차대조표'라고도 부른다. 재무상태표의 왼편이 차변, 오른편이 대변에 해당하며, 재무상태표는 이러한 차변과 대변을 대조하는 표라는 특성에서 유래하여 대차대조표라고 부르는 것이다.

재무상태표의 자산, 부채, 자본은 회계기말 시점의 저량(貯量, Stock) 정보(또는 자료)에 해당된다. 사람의 몸무게, 키 등의 정보는 특정시점에서의 몸무게, 키를 의미한다. 몸무게, 키 등과 같이 특정 시점의 정보, 자료 등을 저량(貯量, Stock) 정보, 자료라고 한다.

저량 정보는 특정기간 활동의 결과에 의해 특정시점에 나타난 정보, 자료이다. 재무상태표는 회계기간 중의 기업 경영활동의 결과가 반영된 회계연도 기말시점 정보이다. 기초의 자산, 부채, 자본은 회계기간중 기업 경영활동 결과에 의한 손익 등의 영향을 받으며, 이러한 결과 기말의 자산, 부채, 자본을 이루고 있다. 재무상태표는 기말의 자산, 부채, 자본의 정보를 제공한다.

6-3. 회계등식과 재무상태표, 손익계산서의 관계

재무상태표는 기말시점의 회계등식('자산 = 부채 + 자본')을 설명한다. 이러한 기말시점의 자산, 부채, 자본의 상태는 회계기간 중의 경영활동 결과에 영향을 받는다. 손익계산서는 회계기간 중의 경영활동에 대한 정보를 나타내고 있다. 손익계산서에 등장하는 수익, 비용 등은 회계기간 경영활동 정보로 회계기말 정보를 반영하는 재무상태표에 영향을 준다. 손익계산서에 등장하는 정보(수익, 비용 등)는 회계 기간이라는 일정기간 중에 발생하는 정보라는 의미로, 유량(流量, Flow) 정보에 해당된다.

손익계산서는 회계기간 중에 발생한 수익과 이에 대응한 비용의 차이에 따라 이익 또는 손실의 결과(수익 − 비용 = 이익)를 보고한다. 재무상태표, 손익계산서는 별도의 재무제표임에도 불구하고, 손익계산서의 결과인 이익(또는 손실)을 고리로 상호 연결되어 있다.[9)]

재무상태표에서의 기말 자본은 기초 자본(지난 회계기말의 자본)에 손익계산서의 이익(또는 손실)을 가감한 것과 동일하다.[10)] 재무상태표 기말자본 = 기초자본 + 이익(손실이면 차감)의 관계이다.

6-4. 회계등식의 이해

회계등식의 의미를 이해하기 위해, 회계등식을 다양한 관점에서 분석해보자.

재무상태표는 기말시점의 자산, 부채, 자본 상태를 설명하므로 이를 회계등식으로 표현하면, '기말자산 = 기말부채 + 기말자본'이다. 재무상태표의 회계등식을 변형하면, '기말자본 = 기말자산 − 기말부채'이다. 한편 손익계산서에서 이익, 수익, 비용의 관계는 '이익(또는 손실) = 수익 − 비용'이다.

앞서 재무상태표의 기말자본은 기초자본에 손익계산서의 이익(손실)을 가감한 것이라고 하였다. 따라서 재무상태표의 회계등식을 '기말자

9) 회계정보는 재무제표를 통해 이해관계자에게 전달된다. 재무제표는 회계정보를 전달하는 수단이다. 재무제표는 재무상태표, 손익계산서, 자본변동표, 현금흐름표, 주석 등이 있다. 이러한 재무제표 가운데 재무상태표는 가장 기본적인 재무제표이다

10) 주주 등의 추가 납입(자본 증가), 주주로의 배당(자본 감소) 등 손익이외의 자본증감이 없다고 가정한 경우이다.

산 − 기말부채 = 기초자본 + 수익 − 비용'으로 바꾸어 표현할 수 있다. 이를 다시 변형하여 비용을 등식의 좌측으로 부채를 등식의 우측으로 옮기면, '기말자산 + 비용 = 기말부채 + 기초자본 + 수익'으로 바꿀 수 있다.[11)]

배당은 손익계산서에서 나타난 이익의 일부를 주주에게 나누어 주는 것이다. 배당은 수익을 창출하는 과정에서 희생된 자원이 아니므로 비용이 아니다. 수익과 비용의 차이인 이익(잉여금) 즉, 자본의 감소를 통해 배당은 주주에게 지급 처리된다. 따라서 배당까지 고려한다면, 기말자본은 기초자본에서 배당을 차감하여야 한다. 배당까지 고려한 경우의 재무상태표의 회계등식은 '기말자본 = 기초자본 + 당기순이익(수익−비용)−배당'으로 나타낼 수 있다.[12)]

앞서 살펴 본 '기말자본 = 기말자산−기말부채', '당기순이익 = 수익−비용', 그리고 자본의 차감 항목인 '배당'을 감안하여 회계등식을 재정리하면 다음과 같이 회계등식을 바꾸어 표현할 수 있다.

① 기말자본(기말자산기말부채)＝기초자본＋자본증감(= 수익−비용−배당)

이를 다시 기말자산으로 정리하면,

---

11) 기말자본은 기초자본에 손익계산서의 당기순이익에 의해서만 영향을 받으며, 배당, 주주 등의 추가 납입이 없다는 가정을 전제하고 있다. 당기순이익은 자본 항목의 한 종류인 '이익잉여금'의 형태로 회사 내에 누적 적립되며, 주주로의 배당을 하지 않을 경우, 당기순이익이 회사 이익잉여금 증가를 통해 자본을 증가시킨다.

12) 자본은 자본금, 자본잉여금, 이익잉여금으로 크게 구분 가능하다. 배당은 자본 가운데 이익잉여금의 처분을 통해 지급된다. 주주 추가 납입 등이 있는 경우에는, 자본금, 자본잉여금의 증가를 통해 자본이 증가한다.

② 기말자산 = 기말부채 + 기초자본 + 수익 − 비용 − 배당

증가하는 항목끼리 회계등식의 좌측과 우측으로 모아서 정리하면,

③ 기말자산 + 비용 + 배당 = 기말부채 + 기초자본 + 수익

(기말)자산, 비용, 배당은 회계등식의 왼편에서 증가를 나타내고, (기말)부채, (기초)자본, 수익은 회계등식의 오른편에서 증가를 나타낸다.

회계등식의 왼편은 차변, 회계등식을 오른편은 대변에 해당된다. 식 ③은 분개에서 자산, 비용, 배당, 부채, 자본, 수익의 차변, 대변 기입과 일치한다. 식 ③을 통해 자산, 비용, 배당, 부채, 자본, 수익의 분개를 보다 쉽게 이해할 수 있다.

식 ③을 통해 자산, 비용, 배당은 회계등식의 왼편, 즉 차변에 증가를 기록하고, 부채, 자본, 수익은 회계등식의 오른편, 대변에 증가를 기록하는 것을 유추할 수 있다.

반대로 자산, 비용, 배당이 회계등식의 오른편으로 가면 음의 부호를 가지며, 자산, 비용, 배당은 회계등식의 오른편, 대변에서 감소를 기록한다.

마찬가지로 부채, 자본, 수익은 회계등식의 왼편으로 가면 음의 부호를 가지므로, 부채, 자본, 수익은 회계등식의 왼편, 차변에서 감소를 기록한다.

6-5. 회계등식과 자산, 부채, 자본의 증감 기록

차변, 대변은 자산, 부채의 증감, 수익, 비용 등의 발생을 기록하기 위해 계정상 표시를 구분하는 명칭이다. 차변과 대변은 자산, 부채, 자본, 수익, 비용 등의 들어오는 것과 나가는 것을 기록하는 장소이다.

차변은 현금의 들어오는 것, 대변은 현금이 나가는 것에서 유래된 명칭이다. 현금이 들어오는 것(증가하는 것)을 왼편 즉, 차변에 기록하며, 현금이 나가는 것(감소하는 것)을 대변에 기록한다. 현금은 자산 가운데 하나이다. 회계등식에서 현금을 비롯한 자산은 왼편에 위치하며, 자산의 증가는 회계등식의 왼편, 차변에 기록한다. 반대로 자산의 감소 기록은 회계등식의 오른편, 즉 대변에 기록한다. 이는 자산의 일종인 현금의 증가를 차변, 현금의 감소를 대변에 기록하는 것과 동일하다.

한편 부채, 자본은 회계등식의 오른편에 위치한다. 부채, 자본의 증가는 회계등식의 오른편, 즉 대변에 기록한다. 반대로 부채, 자본이 감소할 경우에는 회계등식의 왼편, 즉 차변에 기록한다.

회계등식 '자산 = 부채 + 자본'에서 자산, 부채, 자본의 위치를 통해 자산, 부채, 자본의 증감을 기록하는 장소로 차변, 대변을 파악할 수 있다. 자산, 부채, 자본의 증가(+)는 회계등식에서 원래 위치하는 자리이다. 원래 위치와 반대편의 자리로 옮기면, 부호가 바뀌어 감소(−)를 의미한다.

자산의 증가는 회계등식의 왼편 차변이며, 자산의 감소는 회계등식의 오른편 대변이다. 부채의 증가는 회계등식의 오른편 대변이며, 부채의 감소는 회계등식의 왼편 차변이다. 자본도 부채와 동일하게 자본의 증가는 회계등식의 오른편 대변이며, 자본의 감소는 회계등식의 왼편 차변이다.

6-6. 회계등식과 수익, 비용, 배당의 기록

'자산 = 부채 + 자본'의 회계등식을 변형하면 다음과 같다.

기말자산 = 기말부채 + 기초자본 + 수익－비용－배당
기말자산 + 비용 + 배당 = 기말부채 + 기초자본 + 수익

위 회계등식에서 수익은 자본의 증가에 기여한다. 수익은 자본과 동일한 방향으로 증감하므로, 자본이 들어오고 나가는 것과 동일한 위치에 기록한다. 따라서 수익의 증가(발생)는 회계등식의 오른편, 대변에 기록한다.[13)]

비용, 배당은 자본의 감소에 기여한다. 비용, 배당은 자본과 반대 방향으로 증감한다. 비용 발생, 배당 지급 등은 자본과 반대로 회계등식의 왼편, 차변에 기록한다.[14)]

---

13) 수익은 회계에서 발생만 존재한다. 따라서 증가로 대변에만 기록하는 것이 원칙이다. 그러나 기록오류 등을 수정하기 위해 수익의 감소를 계정에 반영하여야 하는 경우가 존재한다. 이러한 수익의 감소는 회계등식의 왼편, 차변에 기록한다.

14) 비용, 자본도 수익과 동일하게 증가만 존재하는 것이 원칙이다. 따라서 회계등식 왼편, 차변에 비용의 발생, 배당의 지급 기록이 원칙이다. 그러나 비용, 배당의 오류를 수정하기 위해서는 예외적으로 대변에 비용, 배당 등의 감소를 기록하는 경우도 있다.

수익, 비용, 배당은 감소의 회계거래가 발생할 수 없으나, 예외적으로 수익, 비용, 배당 등의 기록 오류를 수정하기 위해서는 감소의 회계처리를 기록할 수도 있다. 이러한 오류 수정을 위한 회계처리에서 수익의 감소는 증가의 감소인 차변에 기록한다. 비용, 배당의 감소는 증가의 반대인 대변에 기록한다.

6-7. 회계등식 항목과 차변, 대변

회계등식 '자산 = 부채 + 자본'에서 자산, 부채, 자본이 각각 원래 위치하는 자리가 증가를 기록하는 장소(차변, 대변)이다.

자산(+) = 부채 (+) + 자본 (+)

자산, 부채, 자본을 반대 위치로 옮기면, 감소를 기록하는 장소(대변, 차변)이다.

부채 (−) + 자본 (−) = 자산 (−)

자산, 부채, 자본의 증감을 모두 반영하며 회계등식을 표현하면, 다음과 같다.

자산 (+) + 부채 (−) + 자본 (−) = 자산 (−) + 부채 (+) + 자본 (+)

수익의 발생은 자본의 증가에 기여하며, 비용의 발생, 배당의 지급은 자본의 감소에 기여하므로, 수익의 발생은 대변에, 비용의 발생, 배당의 지급은 차변에 기록한다.

수익의 발생(증가) = 자본의 증가 (+)
비용의 발생(증가) = 자본의 감소 (−)
배당의 지급(증가) = 자본의 감소 (−)

자산 (+) + 부채 (−) + 자본 (−) + 비용 (+) + 배당 (+)
= 자산 (−) + 부채 (+) + 자본 (+) + 수익 (+)

6−8. 회계등식과 분개, 전기

분개(分介, Journalizing)는 회계거래를 분석하여 계정과목, 금액을 차변과 대변에 나누어 기록하는 것이다. 전기(轉記, Posting)는 분개의 결과를 각 계정으로 옮겨 적는 것이다. 회계 기간중 발생하는 많은 거래들을 분개하고 전기하는 과정에서 많은 항목들이 계정(計定, accounts)으로 설정된다.

계정(計定, accounts)은 자산, 부채, 자본, 수익, 비용의 세부 항목별로 그 증가와 감소를 기록하는 장소이다. 회계등식을 이용한 자산, 부채, 자본, 수익의 증감과 T−계정을 이용하여 차변, 대변의 증감을 나타내면 다음과 같다. 각 계정이 증가하는 쪽에 최종 잔액이 나타난다. 차변이 증가하면 차변에, 대변이 증가하면 대변에 잔액이 위치한다. 자산은 차변에 증가하며, 차변에 최종 잔액이 나타난다. 부채와 자본은 대변에 잔액이 나타난다. 수익은 대변에, 비용은 차변에, 배당은 차변에 잔액이 나타난다.

자산 = 부채 + 자본

자산: 회계등식의 왼쪽에 있으며, 계정의 왼쪽, 차변에 증가를 기록
부채: 회계등식의 오른쪽에 있으며, 계정의 오른쪽, 대변에 증가를 기록
자본: 회계등식의 오른쪽에 있으며, 계정의 오른쪽, 대변에 증가를 기록

자산 계정		부채 계정		자본 계정	
(차변)	대변)	(차변)	(대변)	(차변)	(대변)
증가 기록	감소 기록	감소 기록	증가 기록	감소 기록	증가 기록

수익, 비용 계정들은 발생하여 당기순이익의 결과로 나타난다. 수익은 자본과 동일하게, 비용은 자본과 반대 방향으로 기록된다. 수익, 비용은 발생만 존재하며, 발생이후 다시 감소하는 경우가 없는 것이 일반적이다. 따라서 수익은 증가로 대변에만 기록되고, 비용은 증가로 차변에만 기록되는 것이 원칙이다. 그러나, 예외적으로 회계기말에 수익, 비용 계정을 정리하는 과정에서 수익, 비용 계정을 마감하거나, 수익, 비용의 기록 오류를 정정하기 위해 수익은 차변에, 비용은 대변에 기입하여 차감을 기록하는 경우가 있다.

배당은 자본에서 차감 지급되므로, 비용과 마찬가지로 자본과 반대 방향에 증가를 기록한다. 배당의 지급은 차변에 기록한다. 배당도 지급 이후에 회수하는 경우가 없다고 보는 것이 원칙이다. 다만 배당도 회계기말에 계정을 마감하거나 오류를 정정하는 과정에서 반대 계정인 대변에 차감을 기록하는 경우가 있다.

수익: 회계등식의 오른쪽, 대변에 증가를 기록
비용: 회계등식의 왼쪽, 차변에 증가를 기록
배당: 회계등식의 왼쪽, 차변에 증가를 기록

수익 계정	
	(대변)
	증가 기록

비용 계정	
(차변)	
증가 기록	

자본 계정	
(차변)	
증가 기록	

6-9. 회계등식과 복식부기의 관계

회계등식 '자산 = 부채 + 자본'에 자산, 부채, 자본, 수익, 비용, 배당의 증감을 반영하여 나타내면 다음과 같다.

자산 (+) + 부채 (−) + 자본 (−) + 비용 (+) + 배당 (+)
= 자산 (−) + 부채 (+) + 자본 (+) + 수익 (+)

복식부기는 회계거래를 분석하여 거래의 원인과 결과를 자산의 증감, 부채의 증감, 자본의 증감, 수익의 증가(발생), 비용의 증가(발생), 배당의 지급(증가) 등으로 구분하여 차변과 대변에 이중으로 기록하는 방식이다.

회계등식의 왼편이 차변 항목이며, 오른편이 대변항목에 해당된다. 회계등식을 복식부기의 관점에서 정리하면 다음과 같다.

차변		대변
자산의 증가 (+)		자산의 감소 (−)
부채의 감소 (−)		부채의 증가 (+)
자본의 감소 (−)	=	자본의 증가 (+)
비용의 증가 (+)		수익의 증가 (+)
배당의 증가 (+)		

[그림 13] 회계등식과 복식부기

7. 회계의 순환

"기업은 회계기간마다 회계거래를 기록하고 요약하여 재무제표를 작성하는 과정을 반복하는 데, 이러한 일련의 과정을 회계순환(accouting cycle)이라고 한다."

7-1. 〈회계기간 중〉 회계거래 식별, 분개, 전기

회계기간 중에는 회계거래를 분개하고 전기하는 과정이 지속적으로 반복하여 발생한다. 경제적 거래 및 사건의 발생하는 경우, 회계거래 해당 여부를 식별하여야 한다. 회계거래 식별은 주문서, 계약서, 대금청구서, 영수증, 급여명세서, 은행거래내역서 등 다양한 증빙에 근거한다.

회계거래 식별이후에는 회계거래 내용을 분개한다. 회계분개 기록 유지를 위해서는 분개장 또는 분개전표가 필요하다. 분개는 회계거래 분석 결과에 의거하여 분개장 또는 분개전표의 차변, 대변에 해당 계정과목, 금액 등을 입력한다.

분개의 결과는 총계정원장의 해당 계정에 옮겨 기록되는 전기가 수행된다. 회계전산시스템은 분개 결과 입력된 내용을 총계정원장의 해당 계정으로 전기하여 각 회계계정의 잔액을 실시간으로 관리할 것이다. 분개와 전기의 결과 회계기간 중에 회계계정의 잔액은 지속적으로 변화한다.

다음은 회계기간 중 회계거래 식별, 분개, 전기의 회계순환을 나타내고 있다.

〈회계기간 중〉

거래의 식별 → 분개 → 전기

[그림 14] 회계기간 중 회계순환

7-2. 분개, 전기의 오류는 시산표를 통해 검증

회계기간 중 반복한 거래, 분개, 전기의 결과물에 대한 오류 검증을 위해 시산표(試算表, Trial Balance)를 작성한다. 시산표는 한자, 영어로 시험삼아 계산한 표라는 의미로 분개, 전기한 결과에 대해 차변, 대변 잔액의 일치 여부를 검증한다. 시산표는 회계기간중에 이루어진 계정기록의 정확성 여부를 점검하는 표이다.

시산표는 자산, 부채, 자본, 수익, 비용의 모든 계정 잔액을 차변과 대변으로 구분하여 나열한 표이다. 시산표는 회계마감 과정에서 수행되는 수정분개 전에 작성하는 수정전 시산표, 회계기말 결산 과정에서 수정분개 이후에 작성되는 수정후 시산표로 구분된다. 수정전 시산표는 오류 여부를 확인을 수월하기 위해 작성하는 과정으로, 회계순환 과정에서 반드시 지켜야 할 의무 과정은 아니다.

회계분개, 전기결과 오류가 없다면, 시산표상의 왼편 차변 잔액과 오른편 대변 잔액의 합계는 일치할 것이다.

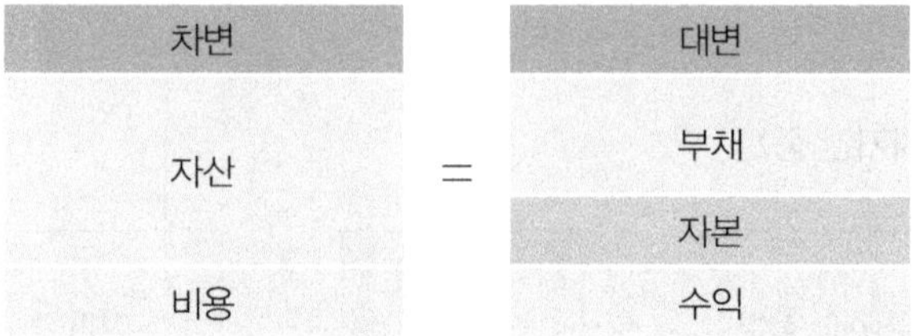

[그림 15] 시산표의 차변, 대변 항목과 잔액

수정전 시산표에서 차변과 대변 잔액이 일치하지 않으면, 분개, 전기 과정에 오류가 있었음을 의미한다. 시산표에는 차변에 자산, 비용의 항목과 금액이 대변에 부채, 자본, 수익 항목과 금액이 나타나므로 시산표는 '자산 + 비용 = 부채 + 자본 + 수익'의 형태를 가진다. 이는 회계등식의 다른 형태로서 '자산 = 부채 + 자본 + (수익 - 비용)'과 동일한 것이다. 따라서 회계등식이 성립한다면, 시산표의 차변 잔액과 대변 잔액은 일치하는 것이다.

회계기록 오류의 예로는 차변과 대변의 금액을 다르게 입력하거나, 차변이나 대변에 중복하여 입력하는 경우 등이 있다. 차변과 대변의 금액이 다르게 입력되거나, 차변, 대변에 중복하여 입력하면 차변과 대변의 잔액 합계가 일치하지 않을 것이다. 또는 분개의 결과를 전기하는 과정에서 차변 금액이 대변으로 잘못 기록되거나, 금액 자체가 잘못 기재될 수도 있다. 이와 같은 경우에도 시산표의 차변과 대변 잔액이 맞지 않을 수 있다.

그러나 시산표로 모든 오류를 확인할 수는 없다. 거래에 대해 분개 자체를 하지 않은 경우, 차변과 대변에 오류 금액이 동일하게 입력된 경우, 차변과 대변 항목을 반대로 입력하면서 금액은 동일한 경우, 차변 또는 대변의 금액은 맞더라도 세부 계정과목이 틀린 경우 등(예를 들어 현금의 차변을 매출채권의 차변에 입력한 경우 등)의 경우에는 시산표를 통해 확인할 수 없는 오류의 사례이다.

7-3. 수정분개

회계기간 중에 분개, 전기과정에서 발생한 오류 수정 이외에도, 회계기말 결산시점에 발생주의 회계 기준에 의거 수정이 필요한 사항이 있다. 회계 기간 중 분개, 전기의 결과에 대한 시산표 검증 결과 발견한 오류에 대한 수정뿐 아니라, 발생주의 회계 관점에서 이루어져야 할 수정분개 필요성 여부를 검증 반영하여야 한다.

현금흐름과 발생주의 회계의 차이의 산물로 발생, 이연, 추정 항목에 대해서는 발생주의 회계 관점에서 수정분개가 필요하다. 회계거래가 발생하였음에도 불구하고 현금의 수취 지급 등이 이루어지지 않아 잘못 기록된 경우(발생), 회계거래가 발생하지 않았음에도 현금의 수취 지급 등이 먼저 이루어져 잘못 기록된 경우(이연), 자산의 소멸, 비용의 발생 등에 대한 합리적 추정이 필요한 경우(추정) 등에 대한 수정분개가 필요하다.

회계오류에 대한 수정분개, 발생주의 기준에 의거 필요한 수정분개 등을 수행하면서 더 이상의 오류가 없다고 판단될 때까지 검토와 수정이 반복하여 수행될 수 있다. 회계거래 분개, 전기에 대한 수정분개 필요사항을 발견하고 수행과정의 반복에서 수정전시산표 작성, 수정분개, 수정후시산표의 작성이 반복해서 수행될 수 있다.

수정분개의 필요성이 더 이상 없다고 판별된다면, 회계계정의 잔액은 확정되어 최종 수정후 시산표(또는 정산표)가 작성된다. 수정후시산표 상의 각 계정금액을 이용하여 (포괄)손익계산서와 재무상태표가 작성된다.

수정후시산표는 수정분개 필요 여부에 대한 판단을 도와주기 위해 작성하는 표로서 기업이 반드시 작성해야 하는 강제적인 표는 아니다. 그러나 재무제표 작성을 위해서는 수정분개 이후 검증의 절차를 거친 확정된 계정 잔액을 얻기 위해서는 수정후시산표를 이용하는 것을 권고한다.

7-4. (수정 후) 시산표 잔액을 배분, 손익계산서 재무상태표 작성

수정후 시산표의 자산, 부채, 자본, 수익, 비용의 각 계정항목 잔액은 손익계산서, 재무상태표로 나뉘어진다. 수익, 비용은 손익계산서의 계정항목으로, 자산, 부채, 자본은 재무상태표의 계정항목의 잔액으로 나타난다.

(수정후)시산표의 수익과 비용의 차이는 당기순이익(수익 > 비용), 당기순손실(수익 < 비용)로 손익계산서에 보고된다. 손익계산서의 당기순이익은 다시 재무상태표의 이익잉여금 계정 증가(당기순손실은 이익잉여금 계정을 감소)를 통해 재무상태표의 자본의 증감에 반영된다. 수익과 비용의 차이에 따른 당기순이익(순손실) 결정, 이익잉여금 증감 등은 수정분개 이후의 결산 마감분개를 통해 이루어진다.

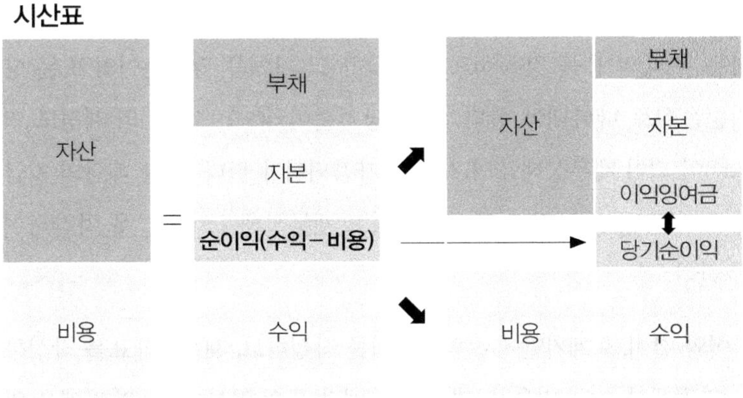

[그림 16] 시산표 잔액을 배분하여 손익계산서, 재무상태표를 작성

7-5. 계정의 마감(결산분개)

재무상태표는 창업 이후 회계기말 시점까지 누적된 자산, 부채, 자본 상태에 대한 정보를 제공한다. 특정 회계기말의 자산, 부채, 자본은 다음 회계의 기초 자산, 부채, 자본으로 이월되어 계속 존속한다. 자산, 부채, 자본은 회사가 청산될 때까지 영구히 존속하는 계정이라는 의미에서, 자산, 부채, 자본을 영구계정(Permanent Accounts)이라고 한다.

손익계산서는 회계기간중 경영성과를 나타낸다. 손익계산서의 수익, 비용은 해당 회계연도가 종료시점에 당기순이익(또는 손실)로 계산되어 재무상태표의 자본에 반영된다. 손익계산서의 수익, 비용, 그 결과물인 당기순이익(손실)은 해당 회계연도에 귀속될 뿐이며, 다음 회계연도로 이월되지 않는다. 손익계산서의 수익, 비용 등이 영구적으로 이월 존속되지 않으므로, 수익, 비용 등의 계정을 임시계정(Temporary Accounts)이라고 한다.

회계기간을 마감하고 재무제표를 작성하기 위해 손익계산서에 등장하는 수익, 비용을 영(zero)으로 만들고 그 차액을 당기순이익 또는 당기순손실로 나타내야 한다. 또한 당기순이익(또는 순손실)의 계정도 영(zero)이 되어 재무상태표의 자본에 가감되어야 한다. 만약 배당의 지급이 있다면, 배당 계정도 영(zero)이 되고 재무상태표의 자본을 차감하여야 한다.

이와 같이, 회계기말에 손익계산서를 작성하고, 재무상태표를 작성하는 과정에서 수익, 비용, 당기순이익, 배당 등의 임시계정들의 잔액을 영(zero)으로 만들고 재무상태표의 기말 잔액을 새로이 반영하는 과정을 계정의 마감(결산)분개라고 한다.[15)]

7-6. 회계의 순환(accounting cycle)

기업은 회계기간마다 회계거래를 기록하고 요약하여 재무제표를 작성하는 과정을 반복하는 데, 이러한 일련의 과정을 회계순환(accouting cycle)이라고 한다.

회계기간 중에는 회계거래를 식별하고(1단계), 분개(2단계) 및 전기(3단계)하는 과정이 지속적으로 반복하여 발생한다.

---

15) 재무상태표의 회계기말 자산, 부채, 자본도 다음 회계기간의 기초 자산, 부채, 자본으로 대체하는 마감 결산분개가 이루어지나, 회계계정 잔액이 영(zero)이 되지 않는다는 점에서 수익, 비용 등 임시계정의 마감 (결산)분개와 다르다.

〈회계기간중〉

회계거래 식별 (1단계) → 분개 (2단계) → 전기 (3단계)

회계기말시점에 가서는 (수정전) 시산표를 작성하여 분개, 전기 과정에서의 오류 여부를 점검한다(3단계).

회계 발생주의 관점에서 수정이 필요한 부분과 시산표를 통해 발견된 오류 등을 수정하기 위한 수정분개와 전기를 실시한다(4단계).

수정분개 이후 확정된 수정후 시산표(정산표)를 이용하여 해당 재무제표 작성을 준비한다(5단계).

마감분개(6단계)를 실시하여

① 수익, 비용 등 임시계정을 마감하면서, 손익계산서를 확정하고, 재무상태표의 자본계정을 수정한다.

② 마감분개 결과와 수정후 시산표 자료를 이용하여 자본변동표, 현금흐름표 등 제반 재무제표를 작성한다.

③ 재무상태표의 결산 마감분개를 통해 재무상태표 잔액을 다음 회계연도 기초잔액으로 이월한다

〈회계기말〉

수정전 시산표 (3단계) → 수정분개 (4단계) → 수정후 시산표, 재무제표 준비 (5단계) → 마감분개 재무제표 작성 (6단계)

7-7. 자산 · 부채 · 자본 · 수익 · 비용 · 배당 증감, 분개(차대변 기입) 그리고 재무제표와의 관계

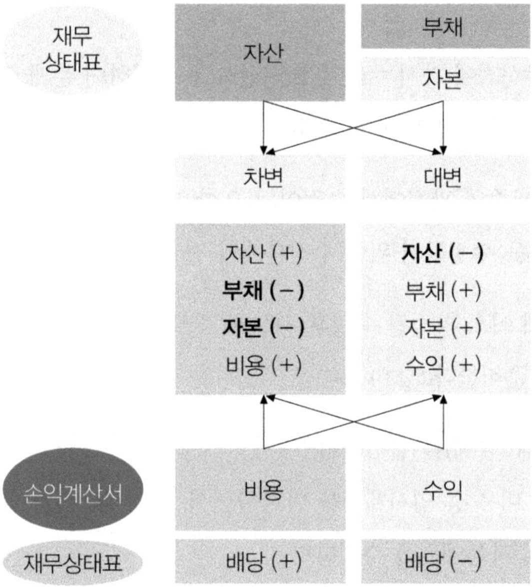

[그림 17] 자산 · 부채 · 자본 · 수익 · 비용 · 배당 증감, 분개(차대변 기입) 그리고 재무제표와의 관계

III

재무제표 읽기

1. 재무제표 읽기 전 확인할 것들
2. 기업의 자원, 자산
3. 유동성이 높은 유동자산
4. 유동자산이 아닌 자산, 비유동자산
5. 부채, 야누스의 두 얼굴(좋은 부채, 나쁜 부채)
6. 주주의 몫, 자본
7. 수익과 비용 그리고 손익계산, 무엇을 알려주나?

1. 재무제표 읽기 전 확인할 것들

"재무제표는 한자로 **財務諸表**이다. 여기에서 제(**諸**)는 모두를 의미한다. 따라서 재무제표는 재무(**財務**)에 관한 모든 또는 여러 가지 표를 의미한다. 재무제표는 회계 대상인 회사 등에 대한 여러 가지 정보, 사정 등을 담은 문서들이다. 회사 등에 대한 재무정보를 제공하는 여러 가지 표이다. 재무제표는 회사 등의 재무상태, 경영성과 등을 여러 개의 표로 요약해서 나타내는 수단(tool)이다. 재무제표는 회계정보를 이용하려는 이해관계자들에게 회계정보를 전달하는 수단(tool)이다."

1-1. 재무제표(Financial Statements, 財務諸表)는 무엇인가?

스포츠 게임에서 스코어카드를 읽는 방법을 모른다면, 스포츠 게임의 결과 등을 이해하지 못할 것이다. 기업 등 회계기록 대상의 경영활동에 대한 스코어카드가 바로 재무제표이다. 워런버핏은 기업 등 회계정보 대상에 대한 스코어카드를 읽지 못하면, 기업의 경영활동에 대해 점수를 매기지도 못하고 승자 기업과 패자 기업도 구별하지 못할 것이라고 하였다.

기업들은 경영활동에 대한 결과가 존재한다. 여러분들은 기업들의 경영활동에 대한 스코어카드를 직접 만들지는 못할 수도 있다. 그러나, 누군가에 의해 만들어진 기업 경영활동에 대한 스코어카드를 읽고 이해해서 승자 기업과 패자 기업은 판별할 수 있어야 할 것이다. 재무제표를 이해하지 못한다면, 기업 경영활동 결과를 평가하는 스코어카드를 읽을 수 없을 뿐 아니라, 시장에서 승자 기업과 패자 기업도 구별하기 어려울 것이다.

기업 경영활동에 대한 스코어카드를 읽고 이해하기 위해서는 여러분들은 기업 등에 대한 회계정보를 전달하는 재무제표를 읽고 이해하는 능력을 키워야 할 것이다. 여러분들이 알고자 하는 기업 회계정보를 전달하는 재무제표에 관심을 두고 재무제표를 이해하는 능력을 키우기 위한 학습동기를 가질수록 여러분들의 회계 학습동기는 더욱 커질 것이다.

재무제표는 한자로 財務諸表이다. 여기에서 제(諸)는 모두를 의미한다. 따라서 재무제표는 재무(財務)에 관한 모든 또는 여러 가지 표를 의미한다. 재무제표는 회계 대상인 회사 등에 대한 여러 가지 정보, 사정 등을 담은 문서들이다. 회사 등에 대한 재무정보를 제공하는 여러 가지 표이다. 재무제표는 회사 등의 재무상태, 경영성과 등을 여러 개의 표로 요약해서 나타내는 수단(tool)이다. 재무제표는 회계정보를 이용하려는 이해관계자들에게 회계정보를 전달하는 수단(tool)이다.

재무제표는 각종 계정과목과 숫자가 포함되어 나타난다. 계정(計定, Account)은 자산 부채 자본 수익 비용에 속하는 여러 항목들을 각기 구분하여 기록하는 장소이다. 재무제표는 전달하는 회계정보의 종류에 따라 재무상태표(舊 대차대조표), (포괄)손익계산서, 자본변동표, 현금흐름표 그리고 주석으로 구성되어 있다. 재무제표에는 각 재무제표와 관련된 계정과목, 그리고 계정과목에 대한 해당 수치만 표시된다. 한편 주석은 다른 재무제표와 달리 회계정책의 요약 및 상세 내역 등에 대해 별도로 그 내용 등을 기술하고 있다. 주석 이외의 재무제표에서 나타난

계정과목, 수치로 표현하기 어려운 내용 등이 주석을 통해 회계정보로 전달된다.

1-2. 재무제표와 회계기준

맥도날드 햄버거가 전세계 어디에서나 동일한 조리과정을 거쳐 동일한 모양이나 크기의 햄버거를 제공하는 것과 마찬가지로, 기업의 제공하는 회계정보도 동일한 기준으로 작성되어 제공되어야 한다(한편 회계정보는 국가별로는 일부 차이가 존재함). 따라서 회계정보를 전달하는 재무제표는 명확한 회계기준을 토대로 작성되어야 한다.

회계기준은 일종의 규격화된 기준과 같은 개념이다. 이러한 객관적이고 통일된 회계기준은 기업이 제공하는 회계정보의 객관성과 투명성 제고에 기여한다. 공통된 기준(즉 언어에 해당하는) 회계기준을 적용해서 작성한 재무제표를 통해서 회계정보를 전달해야, 회계정보 이용자들이 비교 가능한 회계정보를 얻을 수 있다.

회계정보 제공의 대상인 기업은 상장여부, 규모 등에 따라 K－IFRS 회계기준, 일반기업회계기준, 중소기업회계기준 가운데 하나를 채택해서 해당 회계기준에 따라 재무제표를 작성한다. 회계기록의 대상인 기업 등이 어느 회계기준을 채택해서 재무제표를 작성하였는지 확인할 필요가 있다. 따라서 여러분이 관심을 가지는 기업이 어떠한 회계기준을 반드시 따라야 하며, 또는 어떠한 회계기준을 선택하였는지를 확인할 필요가 있다.

한편 우리나라 기업의 해외 상장, 해외에 상장된 기업에 대한 투자, 외국인 투자자 비중이 많은 국내 기업 등에 대해서는 우리나라 회계기준과 관련된 국가들과의 회계기준 차이 등을 고려할 필요가 있다. 우리나라 기업이 외국(예를 들어 미국 등)에 상장하여 자금을 조달할 경우에는 미국 회계기준을 따라 재무제표를 작성하여야 한다. 또는 우리나라 투자자들이 미국 등 해외 주식시장에 상장된 외국기업에 대한 투자를 고려할 경우에는 미국 등 해당 국가의 회계기준과 우리나라 회계기준의 주요한 차이를 이해할 필요가 있다. 반대로 우리나라 상장 기업들 가운데 외국인 투자자 비중이 높은 경우에는, 외국인 투자자 관점에서 우리나라와 해당 외국 국가와의 회계기준 차이 등을 고려할 필요가 있다.

예를 들어 미국에서는 연구개발비를 자산으로 인정하지 않는 반면, 우리나라는 요건에 부합할 경우 연구개발비의 자산화를 인정하고 있다. 연구개발비의 자산화 비중이 상대적으로 높은 기업의 경우, 양호한 이익 실적 발표에 대해 외국인 투자자들이 우호적으로 평가할 것인지 생각해 볼 필요가 있다. 또한 자산재평가 등으로 자산과 자본이 크게 늘어난 기업들에 대해서도, 자산재평가를 실시하지 않는 국가들의 관점에서 이러한 자산과 자본의 증가를 우리나라 회계보고 그대로 평가할지 생각해 볼 필요가 있다.

1-3. 재무제표와 회계감사

재무제표는 회계기준 준수 여부에 대한 회계감사인의 검증을 거치더라도 별다른 문제가 없어야 한다. 일정 규모 이상의 기업이 작성한 재무제표에 대해 공인회계사는 감사결과에 대한 의견을 표명한다. 공인회계사 감사 결과에 대한 의견 표명은 기업 등이 작성한 재무제표 신뢰성에 대한 공인회계사의 인증 부여를 의미한다. 공인회계사는 감사결과에 대한 의견으로 적정, 한정, 부적정, 의견거절 4가지 종류의 의견을 표명한다. 따라서 재무제표를 읽기 전에 회계감사인의 의견을 반드시 확인해야 한다.

적정 감사의견은 재무제표가 회계기준에 따라 제대로 작성되었다는 의미이다. 주의해야 할 점은, 적정 감사의견이 회사 재무상태, 경영성과 등이 적정하다는 의미가 아니다. 예를 들어, 당기순이익이 적자를 시현한 기업도 적정 감사의견을 받을 수 있다.

한정 감사의견은 재무제표가 전체적으로는 회계기준에 맞추어 작성되었지만, 일부 항목들은 회계기준에 위배되었다는 것을 의미한다. 재무제표가 전체적으로 회계기준을 위배하여 왜곡된 것은 아니지만, 한정 의견을 지적 받은 관련 항목들은 별도로 감안해야 한다는 의견이다. 예를 들어, 매출채권에 대한 손실을 고려하여 설정하는 대손충당금이 과소(예를 들어 200억 원)하게 계상되었다는 의견이 표명되었다면, 해당 기업 비용이 200억 원 과소 계상, 당기순이익 200억 원 과대 계상 가능성을 고려하여야 할 것이다.

부적정 또는 의견거절 감사의견 표명은 재무제표가 제공하는 정보, 자료 등이 기업을 분석, 평가하는 자료로 적절하지 않음을 의미한다. 부적정감사의견은 재무제표가 전체적으로 회계기준에 부합하지 않으므로, 재무제표에서 제공하는 금액 수치를 신뢰할 수 없다는 의미이다. 의견거절 감사의견은 감사인이 의견표명을 하지 않음을 의미한다. 감사인이 의견을 표명하기 불가능한 수준의 재무제표 신뢰성을 의미한다.

1-4. 재무제표와 회계변경

재무제표를 읽기 전에 기업의 회계처리 방법 등에 변경이 있는지를 살펴볼 필요가 있다. 기업은 회계처리 방법을 선택할 수 있다. 따라서 기업은 기존에 적용하던 회계처리 방법을 변경할 수도 있다.

기업의 회계처리 방법 변경으로 기업의 회계처리 변경과 관련된 자산, 부채, 자본, 수익, 비용 등의 항목들은 변화를 보일 수 있다. 기존에 적용된 회계처리라면 보고되었어야 할 금액이 회계처리 변경으로 달리 보고될 수 있다.

예를 들어 기업의 감가상각 방법 변경, 재고자산 평가방법 변경 등은 기업의 자산, 부채, 비용 등의 변화를 유발하며, 궁극적으로 기업의 당기이익 등이 변경될 수 있다. 이러한 회계변경은 주석을 통해 확인이 가능하다.

기업의 회계변경은 회계정책 변경, 회계추정 변경, 보고실체 변경으로 구분할 수 있다.

기업의 회계정책 변경은 기업이 기존에 적용하던 회계정책을 새로운 회계정책으로 변경하는 경우이다. 예를 들어, 기업 자산의 가치 감소분을 평가하는 감가상각 방법 등을 변경하는 경우이다. 이러한 회계정책 변경은 기업이 필요에 의해 변경되나, 기업이 따르는 회계기준(예: K-IFRS 회계기준 등)의 변경에 따라 변경될 수도 있다. 회계정책의 변경은 일반적으로 소급 적용(Retrospective Application)을 원칙으로 한다. 즉 변경된 회계정책이 과거부터 실시된 것으로 가정하여 재무제표에 소급 적용함으로써, 재무제표를 비교 가능한 형태로 수정한다.

기업의 회계추정 변경은 기존의 회계추정을 새로운 정보나 발전된 측정기법을 반영하여 변경하는 것을 의미한다. 예를 들어, 기업의 매출채권 미회수를 대비하여 설정하는 대손충당금의 설정 비율을 추정하거나, 자산의 가치 감소분을 추정하는 감가상각 적용 연수를 변경하는 경우가 해당된다. 이른 새로운 정보에 근거한 변경이므로, 소급 적용하지 않고 미래의 기간에 반영한다. 즉 회계추정 변경은 일반적으로 전진 적용(Prospective Allication)을 원칙으로 한다. 변경된 내용을 과거에 소급하여 적용하지 않고, 회계추정 변경이 발생한 시점 이후부터 반영한다.

보고실체의 변경은 연결재무제표를 작성하는 경우에 발생한다. 연결재무제표 작성대상의 그룹에서 기업구조가 변경되었을 경우에 발생한다. 예를 들어 자회사가 추가 또는 제거되거나, 합병 및 분할 등으로 인해 재무제표 보고 대상이 변경되는 경우이다. 보고실체의 변경에서도 과거 기간의 재무제표를 소급 재작성해야 한다. 기존 보고 실체의 재무제표 정보를 수정하여 일관성을 유지하도록 한다.

회계변경이 발생하는 경우, 기업은 회계변경의 성격과 사유, 소급 적용 여부 및 적용 방법, 회계변경이 재무제표에 미치는 영향, 회계변경이 불가피한 사유와 대체 적용 방법 등을 공시하여야 한다.

재무제표를 읽기 전에 기업의 회계변경의 존재 여부를 확인하고, 회계변경에 따라 변화하는 재무제표의 내용 등을 확인할 필요가 있다.

1-5. 재무제표와 자산 평가모형

K-IFRS 시행 이후, 기업회계기준에서는 재무상태표의 유형자산(재무상태표 자산 가운데 유형의 형태를 가진 자산으로, 토지, 건물 등)을 원가모형 또는 재평가모형 가운데 하나를 기업이 선택할 수 있도록 한다.

기업이 원가모형을 선택할 경우에는 재무상태표의 유형자산(예: 토지, 건물 등)은 현재의 시가가 아니라 과거 취득당시의 원가로 기록한다. 따라서 원가모형을 선택하여 유형자산을 평가 기록하는 기업의 경우에는, 실제 시가와 장부상 가치에는 차이가 존재할 수 있다. 원가모형 채택 기업의 자산은 회계 장부상의 자산 가액이 실제 시가와 차이가 있는 점을 감안하여야 한다.

재평가모형을 선택하여 유형자산을 평가 기록하는 기업들은, 기업의 유형자산을 취득가액으로 인식 기록한 다음, 해당 자산의 공정가치(시가) 등의 변동이 발생할 경우 공정가치로 자산을 재평가하여 보고한다. 재평가 모형을 적용하는 기업들은, 재평가일 현재 자산의 공정가치에서 자산에 감가상각누계액과 손상 등을 차감한 순액으로 장부가액을 반영한다. 따라서 재평가모형을 선택하는 기업들에 대해서는, 이들 기업들이 유형자산을 재평가하는 주기, 재평가 금액의 객관성 여부 등을 확인할 필요가 있다.

재평가 모형 채택 기업들은 주기적으로 자산의 재평가를 수행한다. 원가모형 채택 기업들은 자산의 공정가치 반영을 위하여 원가모형에서 재평가모형으로 변경은 가능하다. 그러나 재평가 모형으로 변경이후 이를 다시 원가모형으로 변경하여 자산을 취득가액으로 전환하는 것은 불가능하다.

자산의 장부가액보다 공정가치가 높을 경우, 그 차액은 기타포괄손익의 일부로 인식하며, 자본의 재평가잉여금 계정에 누적된다.

〈1단계 – 자산재평가이익 인식〉

(차변) 유형자산 XXX (대변) 기타포괄손익(자산재평가이익) XXX

〈2단계 – 자본 – 자산재평가잉여금 계정에 누적 반영〉

(차변) 기타포괄손익 XXX (대변) 기타포괄손익누계액(재평가잉여금) XXX

자산의 장부가액보다 공정가치가 낮아질 경우에는, 그 손실은 당기손익(손상차손)으로 인식 반영한다. 다만, 과거에 동 자산에 대해 인식 반영된 재평가 잉여금이 존재할 경우에는 손실을 먼저 해당 자본(재평가잉여금)에서 차감하고, 기존 재평가잉여금을 초과하는 부분을 당기손익에 반영한다.

(차변) 손상차손 XXX (대변) 유형자산 XXX

1-6. 재무제표 종류와 제공하는 정보

재무제표는 재무상태표, (포괄)손익계산서, 자본변동표, 현금흐름표, 주석 5가지로 분류된다.

재무상태표는 결산일(회계기말) 현재의 재무상태로 자산, 부채, 자본의 잔액을 나타낸다. 재무상태표는 자산, 부채, 자본을 통해 기업의 재무상태 정보를 제공한다. 회계정보 이용자는 재무상태표를 통해 기업의 재무적 안전성에 대한 정보를 확인할 수 있다. 재무상태표를 통해 기업의 부채비율(=부채/자기자본), 자기자본비율(=자기자본/총자산)을 산정할 수 있다. 부채비율은 기업의 자기자본대비 부채의 비율로, 기업의 자산 취득과정에서 자기자본대비 얼마나 많은 부채를 이용해 재원을 조달하였는가를 확인할 수 있다. 부채비율이 높을수록 기업의 재무적 안전성은 취약하다고 평가할 수 있다. 자기자본 비율은 기업의 총자산대비 자기자본의 비율로 기업의 자산 취득과정에서 자기자본이 사용된 비율을 의미한다. 총자산대비 자기자본비율이 높을수록 기업의 재무적 안전성은 높다고 평가한다.

(포괄)손익계산서는 회계기간 동안의 경영성과로 수익, 비용과 수익에서 비용을 차감한 이익(또는 손실)을 통해 경영성과를 나타낸다. 손익계산서는 수익, 비용, 이익을 통해 기업 경영성과를 나타내며, 기업의 수익성에 관한 정보를 제공한다. 손익계산서를 통해 매출총이익률(=매출총이익/매출액), 영업이익률(=영업이익/매출액), 당기순이익률(=당기순이익/매출액) 등 다양한 관점의 수익성 정보를 추출할 수 있다. 매출총이익률은 매출액대비 매출총이익의 비율로 매출에서 매출원가를 차감한 매출총이익

이 차지하는 비율을 의미한다. 매출총이익률이 높을수록 매출당 높은 이익률을 의미한다. 영업이익률을 매출액에서 영업이익이 차지하는 비율을 의미한다. 매출액에서 매출원가를 차감한 매출총이익에서 판매관리비를 차감하면, 영업이익이 산출된다. 판매관리비도 영업수익을 창출하는 과정에서 지출된 비용이다. 따라서 영업이익률이 높을수록 기업의 영업활동과정을 통해 기업이 높은 수익을 창출한다는 것을 의미한다. 당기순이익률은 매출액에서 당기순이익이 차지하는 비율을 의미한다. 당기순이익은 영업이익에서 영업외비용과 법인세비용 등을 차감한 이익이다. 따라서 당기순이익률이 높을수록 기업의 영업비용, 영업외비용, 법인세비용 등을 모두 반영한 당기순이익이 매출대비 높다는 것을 의미한다. 높은 당기순이익률은 기업의 높은 수익성을 의미한다.

자본변동표는 회계기간 동안 자본의 변동내역을 보고하는 재무제표이다. 자본변동표는 기초의 자본, 기말의 자본과 함께 자기자본의 변동내역을 보여준다. 자기자본은 당기순이익(또는 손실), 증자, 감자, 배당 등으로 변동된다. 자기자본, 즉 주주지분은 기업의 경영진에게 위탁한 주주들의 몫을 의미한다. 자본변동표는 이러한 주주지분의 변동에 대한 정보를 주주들에게 보여준다. 주주들은 자본변동표를 통해 주주들이 기업에 위탁한 자기자본의 변동과 상태에 대한 정보를 제공 받는다.

현금흐름표는 기업의 현금흐름에 관한 정보를 제공한다. 발생주의 중심 회계에서 자칫 간과되기 쉬운 기업의 현금흐름에 대한 정보를 이해관계자들에게 제공한다. 기업의 기초현금, 기말현금과 함께 회계연도 중 현금의 증감내역에 대한 정보를 제공한다. 기업의 현금 증감내역은 기업의 영업활동, 투자활동, 재무활동으로 구분하여 보고한다. 현금흐름표의 영업활동, 투자활동 현금흐름을 통해 기업의 영업과 투자활동 결과 발생한 기업의 여유 현금흐름(FCF: Free Cash Flow)에 대한 정보를 확인할 수도 있다.

주석은 계량적 정보로 제공할 수 없는 다양한 비계량적 정보를 제공한다. 주석을 제외한 재무제표(재무상태표, 손익계산서, 자본변동표, 현금흐름표)는 계정과목과 그에 대한 수치(계량정보)로 표현되어 있다. 따라서 이들 계량정보에 대한 추가적인 설명, 비계량 정보 등이 주석을 통해 설명된다. 상법에 의해 보고하도록 되어 있는 이익잉여금처분계산서도 주석에 포함되어 보고된다. 이익잉여금 처분계산서는 미처분이익잉여금(=전기이월 미처분 이익잉여금 + 당기손익), 이익잉여금의 처분내역(배당금, 사내유보 및 적립 등), 차기이월미처분이익잉여금 등에 대한 정보를 제공한다.

1-7. 기업의 3가지 경영활동과 재무제표의 관계

기업의 경영활동은 재무활동, 투자활동, 영업활동으로 구분할 수 있다.

기업의 창업, 경영을 위해서는 재원이 필요하다. 기업 재무활동은 기업의 창업, 경영활동 등에 필요한 재원을 조달하는 활동이다. 기업의 경영에 필요한 재원은 자기자본(자본) 또는 타인자본(부채)으로 조달한다. 자기자본 재원은 주주들의 출자, 유상증자 등을 통해 조달하거나 영업활동 결과인 이익 등으로 조달한다. 타인자본 재원은 금융기관 등으로부터의 차입 또는 회사채 발행 등으로 조달한다. 기업 재무활동에는 재원의 조달 뿐 아니라, 재원을 제공한 주주에게 배당을 지급하거나, 기존 부채를 상환하거나, 부채 사용에 대한 이자비용을 지급하는 것도 포함한다.

기업의 재무활동의 결과 기업의 부채, 자본에 대한 잔액은 기업의 재무상태표에 보고된다. 기업의 재무활동 관련 현금흐름은 현금흐름표에 보고된다. 기업 주주에게 지급하는 배당 내용은 자본변동표에 보고된다. 기업의 이자비용 발생, 지급 등에 대한 정보는 손익계산서에도 나타난다. 기업의 부채, 자본과 관련 재무활동은 다음 [그림 18]과 같다.

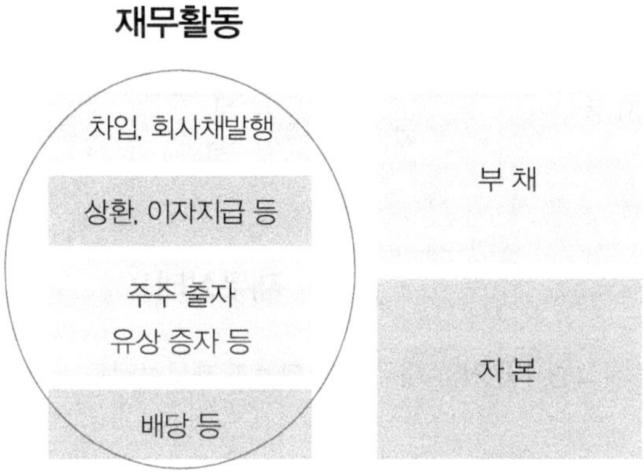

[그림 18] 기업 재무활동과 부채, 자본

기업은 재무활동을 통해 조달된 재원을 이용해 기업 경영에 필요한 자원을 취득한다. 기업 경영활동에 필요한 자산을 취득하는 것을 투자활동이라고 한다. 기업의 투자활동은 필요한 자산을 취득하는 것은 자산의 신규 취득(투자) 이외에 기존 자산의 대체(투자)에서도 발생한다. 기존 자산 대체 투자에서는 기존 자산의 매각도 발생한다. 따라서 기업의 투자활동은 자산의 취득과 매각을 모두 포함한다. 기업의 재원 활용을 통해 조달한 부채, 자본을 이용해 자산을 취득한 결과는 재무상태표에 보고된다. 기업의 자산 취득, 매각의 결과 발생한 현금흐름은 현금흐름표에 보고된다. 기업 재무, 투자활동과 재무상태표의 관계는 다음 [그림 19]와 같다.

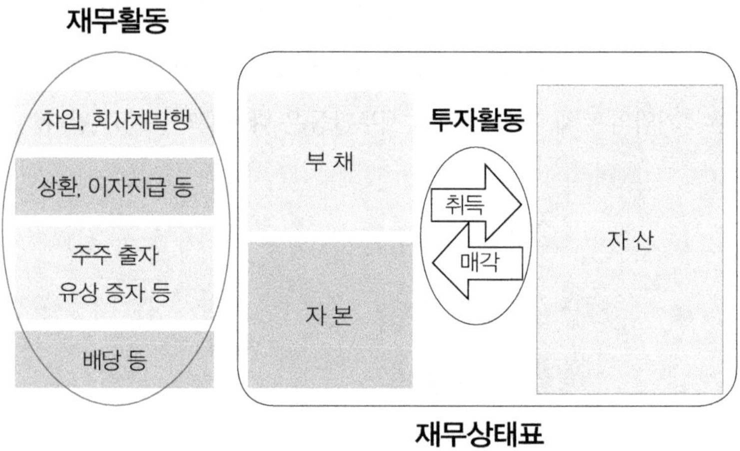

[그림 19] 기업 재무, 투자활동과 재무상태표

기업은 취득한 자산을 이용해 수익을 창출한다. 수익을 창출하는 과정에서 취득한 자산이 감소한다. 수익을 창출하는 과정에서 현금이라는 자산을 지출하거나, 취득한 자산의 가치가 감소한다. 기업의 영업활동은 자산을 이용하여 수익을 창출하고 그 과정에서 비용이 발생하는 것을 포함한다. 기업의 영업활동 결과 발생한 수익, 비용과 수익과 비용의 차이인 이익(또는 손실)은 손익계산서에 보고된다. 기업 영업활동과 관련된 현금은 현금흐름표에 보고된다. 기업의 영업활동 결과 산정된 이익(또는 손실)은 재무상태표의 자본으로 이전된다. 따라서 기업의 재무상태표, 손익계산서의 관점에서 기업의 재무, 투자, 영업활동을 정리하면 다음 [그림 20]과 같다.

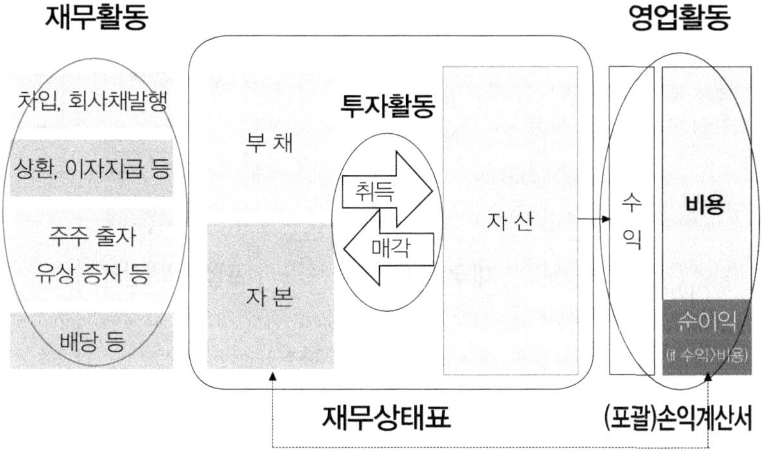

[그림 20] 재무상태표, 손익계산서에 나타나는 기업 재무, 투자, 영업활동

기업의 재무활동, 투자활동, 영업활동에 관한 현금흐름은 현금흐름표에 반영되어 현금흐름의 증감에 대한 세부 정보를 제공한다. 재무상태표의 자본의 기초, 기말 잔액과 그 증감에 관한 정보는 자본변동표에 보고된다. 재무상태표, 손익계산서, 현금흐름표, 자본변동표에 나타나지 않은 비계량정보는 주석에 나타난다. 자본의 일부로 이익잉여금의 잔액과 증감 등에 관한 정보는 주석에 포함된 이익잉여금처분계산서를 통해 보고된다.

기업의 재무, 투자, 영업활동에 대한 정보와 관련 재무제표의 관계를 요약하면 다음 [그림 21]과 같다.

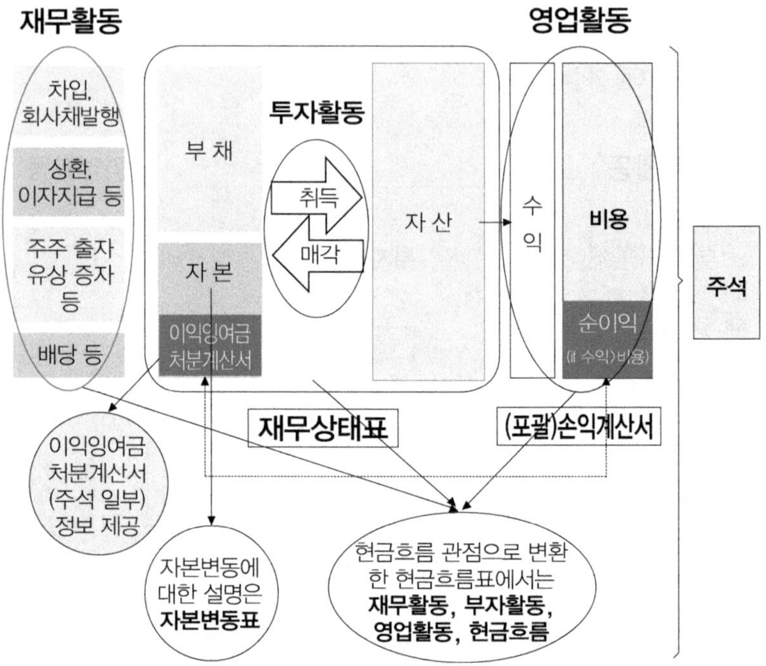

[그림 21] 기업의 재무, 투자, 영업활동과 재무제표의 관계

1-8. 재무제표를 이용한 분석 단계

재무제표는 손익계산서, 재무상태표, 자본변동표, 현금흐름표, 주석 등 5가지 종류가 있다. 5가지 재무제표 가운데 어느 재무제표부터 먼저 분석하는 것이 좋을까? 재무제표를 분석하는 순서가 특별히 정해진 것은 없다. 다만 재무제표의 특성 등을 생각할 때 다음의 단계로 재무제표를 분석하면 해당 기업을 이해하기 쉽지 않을까 생각한다.

① 먼저 재무제표에 대한 감사의견을 확인하고, 기업의 회계처리 방

침 및 변경 여부 등을 확인하는 것이 중요하다. 재무제표의 감사의견이 적정하지 않으면, 해당 재무제표에서 제공하는 회계정보를 신뢰하기 어려우므로, 기업이 작성한 재무제표에 대한 공인회계사가 '적정의견'을 표명하였는지를 확인하는 것이 중요하다. 또한 기업의 채택하는 회계처리 방침과 그 변경여부가 재무제표 분석에 미치는 영향이 크다. 따라서 주석 등을 통해 기업이 채택하고 있는 회계처리 방침 등을 확인하고, 회계처리 방침의 변경여부를 확인하는 것이 중요하다.

② '(포괄)손익계산서'를 통해 기업의 수익성을 진단한다. 기업의 수익성과 관련한 다양한 지표를 이용해 기업의 수익 창출과 관련한 능력을 살펴볼 필요가 있다. 기업 수익 창출과 관련하여 기업이 가지는 장점과 단점을 분석한다. 또한 기업 수익창출의 지속가능 여부 등을 분석한다. 손익계산서를 통한 기업의 수익성 분석은 기업의 미래 수익성 예측을 위해서도 중요한 근거가 된다.

③ '재무상태표'를 통해 기업의 재무적 안전성을 진단한다. 재무상태표는 기업의 재원조달 원천에 대한 정보를 제공한다. 재무상태표를 이용해 자산 취득 재원에서 자기자본이 차지하는 비중, 또는 자기자본 대비 부채의 크기 등에 대한 정보를 통해 기업의 재무적 안전성을 진단할 수 있다. 또한 기업의 유동자산과 유동부채 비교를 통해 기업의 유동성 위험 등을 평가할 수 있다. 기업의 재무적 안전성이 뒷받침되어야 계속기업으로서의 존속 가능성도 담보할 수 있으므로, '재무상태표'를 통한 기업의 재무적 안전성 확인은 중요한 재무분석 단계이다.

④ '자본변동표'를 이용해 자본의 변동내역, 배당정보 등을 파악하고,

주석의 '이익잉여금처분계산서'를 통해 기업의 적립금 등에 대한 정보를 분석할 필요가 있다. 기업에서 가장 중요한 이해관계자는 기업의 '주주'이다. 기업의 자본은 '주주의 몫'이므로, 주주들은 자본의 변동과 배당 등에 대한 정보에 많은 관심을 가진다. 자본변동표를 통해 기업 자본의 축적과정 등을 분석할 수 있다. 기업의 증자, 감자, 출자 등과 함께 이익잉여금 규모와 증감 등을 분석할 수 있다. 또한 '이익잉여금처분계산서'을 이용해 취득한 기업의 다양한 적립금 현황과 처분에 대한 정보를 통해 기업의 자본 운용능력과 방향 등을 유추해 볼 수도 있다.

⑤ '현금흐름표'를 이용해 기업의 기말현재 현금 현황을 파악하고 기초대비 기말의 현금 증감 내역 등 기업 현금흐름에 대한 다양한 정보를 분석한다. 현금흐름표는 기업의 현금 증감을 영업활동, 투자활동, 재무활동으로 구분하여 분석한다. 영업활동 현금흐름은 기업의 경영활동을 통해 창출한 현금흐름 또는 부족한 현금흐름에 대한 정보를 제공한다. 투자활동 현금흐름은 기업의 자산 취득과 매각 등 기업 투자와 관련한 현금흐름 정보를 제공한다. 재무활동 현금흐름은 기업의 영업활동과 투자활동의 결과 부족한 현금을 조달하거나 또는 여유 현금을 이용한 결과에 대한 정보를 제공한다. '현금흐름표'를 이용한 분석은 발생주의 재무제표에서 놓치기 쉬운 기업 '현금흐름'에 대해 분석한다는 점에서 중요한 의미를 가진다.

⑥ '주석'을 이용해 주석 이외의 재무제표에서 제공하지 않은 기업에 관한 숨은 정보를 분석한다. '주석'을 제외한 재무제표들은 재무제표에 속하는 계정과목과 금액만 제공한다. 재무제표에서 전달하지 못한 숨은 알짜 정보들은 기업의 '주석'에서 제공된다. '①'에서 제시한 기업 회

계처리 방침 및 변경, '④'에서 제시한 '이익잉여금처분계산서'도 '주석'에서 제공된다. '주석'에는 주주현황 등 기업에 관한 다양한 비계량 정보가 제공되므로, 기업의 속사정 파악을 위해서는 '주석' 이용 재무분석이 반드시 필요하다.

2. 기업의 자원, 자산

"자산은 자산이 가지는 유동성 정도에 따라 유동자산, 비유동자산으로 구분한다. 유동성(流動性)은 현금화(Convertible to Cash)할 수 있는 특성을 의미한다. 자산 가운데 현금화하기 쉬운 자산일수록 유동자산으로 분류되며, 반대로 현금화가 용이하지 않은 자산들은 비유동자산으로 분류한다. 재무상태표에서 유동자산과 비유동자산의 구분은 결산일(회계기말)기준 1년 이내 현금화 가능여부로 판단한다. 결산일기준 1년 이내 현금화가 가능하면 유동자산, 그렇지 않으면 비유동자산으로 구분한다."

2-1. 재무상태표는 무엇인가?

'재무상태표'는 특정 시점의 재무상태를 나타내는 정태적 재무제표이다. 재무상태표에는 (회계연도)기말 현재라는 특정 시점에서의 자산, 부채, 자본의 잔액이 기록되어 있다. 기말현재라는 특정 시점에서 기업이 소유하는 경제적 자원(자산), 그 경제적 자원에 대한 의무(부채) 및 소유주자본(자본)에 관한 정보를 제공한다.

재무상태표는 차변 자산, 대변 부채와 자본을 대조하는 표라는 의미에서, 과거에는 대차대조표(貸借對照表)라 하였다. 영어로는 Balance Sheet, 약어로 B/S라 하였다. 대차대조표라는 명칭도 공식적으로 사용이 금지된 것은 아니며, 많은 자료에서 자주 등장하는 명칭이다.

국제회계기준 도입과 더불어 대차대조표라는 명칭 대신에, 재무상태표(Statement of Financial Position)라는 명칭을 사용하게 되었다. 재무상태표는 일정 시점의 재무상태를 보여주는 보고서이므로, 사람의 건강검진표 결과와 유사하다. 사람의 건강검진표는 일정 시점의 지방, 근육량 등의 구성 비율을 알려준다는 점에서, 일정 시점의 기업의 자산, 부채, 자본의 구성을 알려주는 재무상태표와 성격이 유사하다.

재무상태표는 자산, 부채, 자본의 총액뿐 아니라, 자산, 부채, 자본에 대한 세부 정보도 제공한다. 기업이 보유한 자산을 유동성 기준에 따라 유동자산과 비유동자산으로 나누어 보고하며, 유동자산과 비유동자산도 다양한 세부 자산의 내역을 포함하고 있다. 부채도 유동부채와 비유동부채로 구분하여 다양하고 세부적인 부채의 정보를 포함한다. 자본에서도 자본금, 자본잉여금, 이익잉여금 등 다양한 자본의 정보를 제공한다. 또한 재무상태표에 등장하는 자산, 부채, 자본은 기업의 창업 이후 재무상태표 작성 기준일(회계기말) 현재 누적된 자산, 부채, 자본의 상황을 의미한다.

2-2. 자산의 종류

자산은 자산이 가지는 유동성 정도에 따라 유동자산, 비유동자산으로 구분한다. 유동성(流動性)은 현금화(Convertible to Cash)할 수 있는 특성을 의미한다. 자산 가운데 현금화하기 쉬운 자산일수록 유동자산으로 분류되며, 반대로 현금화가 용이하지 않은 자산들은 비유동자산으로 분류한다. 재무상태표에서 유동자산과 비유동자산의 구분은 결산일(회계기말)기준 1년 이내 현금화 가능여부로 판단한다. 결산일기준 1년 이내 현금화가 가능하면 유동자산, 그렇지 않으면 비유동자산으로 구분한다.

유동자산은 당좌자산, 재고자산으로 구분한다. 재고자산은 판매 목적으로 보유한 자산이다. 재고자산은 판매과정을 거쳐야 현금화가 가능한 자산이므로, 당좌자산과 비교해 재고자산은 유동성이 낮다. 당좌자산은 현금 및 현금성자산, 매출채권, 선급비용, 이연법인세자산, 단기 투자자산 등이다. 재고자산은 상품, 제품, 반제품, 재공품, 원재료 등이다.

비유동자산은 유형자산, 무형자산, 투자자산, 기타 비유동자산으로 구분한다. 유형자산은 형체가 있는 자산(tangible assets)이며, 무형자산은 형체가 없는 자산(intangible asstes)이다. 유형자산은 토지, 건물, 설비자산, 건설중인 자산 등이다. 무형자산은 영업권, 산업재산권, 개발비 등이다. 투자자산은 장기적으로 투자하거나 대여한 자산으로 장기투자증권, 장기대여금 등이다. 기타비유동자산은 임차보증금, 이연법인세자산 등이며, 유형, 무형, 투자자산에 속하지 않는 비유동자산(장기매출채권, 장기미수금 등)을 포함한다.

2-3. 매출채권(외상매출금) vs 미수채권(미수금)

매출채권(외상매출금)과 미수금은 무언가를 판매하고 대금을 받지 못한 경우에 발생하는 자산이다. 기업의 제품, 상품 등 재고자산을 판매하거나 서비스 등을 제공하고 대금을 받지 못한 경우에는 매출채권(또는 외상매출금) 등의 자산으로 기록한다. 한편 주된 영업활동과 무관한 자산 등을 매각하고 대금을 받지 못한 경우에는 미수금 등의 자산으로 기록한다. 예를 들어, 회사에서 사용하던 설비를 중고업자에게 외상으로 판매하고 금액을 받지 못한 경우에는 동 금액을 미수금으로 기록한다.

매출채권(외상매출금)은 영업수익(이익) 관련 항목인 반면, 미수채권(미수금)은 영업수익(이익) 관련 항목이 아니다. 미수금은 영업활동 이외 거래에서 발생한 수익(이익)이므로 영업외수익(이익) 관련 사항이다. 미수금은 영업수익(이익) 증가와는 무관하다. 매출채권, 미수금은 판매 또는 서비스를 제공하고 현금으로 회수되지 않은 점에서는 공통되나, 영업활동 관련 여부에 따라 구분되는 자산이다.

매출채권(외상매출금), 미수채권(미수금)도 유동성 판별기준에 따라 유동자산 또는 비유동자산이 될 수 있다. 즉 유동자산과 비유동자산에 모두 등장하는 자산항목이다. 결산일(회계기말) 기준 1년 이내 현금화가 가능할 것으로 판단될 경우에는 유동자산 항목의 매출채권(외상매출금), 미수채권(미수금)으로 기록한다. 그러나 1년 이내 현금화가 어렵다고 판단될 경우에는 비유동자산 항목의 매출채권(외상매출금), 미수채권(미수금)으로 기록한다.

3. 유동성이 높은 유동자산

"유동자산은 기업의 정상영업주기 이내에 현금화가 예상되거나, 정상영업주기 이내에 판매 또는 소비될 의도가 있는 자산을 의미한다. 단기 매매목적으로 보유하는 자산, 결산일 기준 1년(12개월) 이내에 현금화가 될 것으로 예상되는 자산, 현금이나 현금성자산으로서, 결산일 기준 1년 이내 교환 또는 부채상환 목적으로 사용할 자산을 의미한다."

3-1. 현금화가 쉬운 유동자산

유동자산은 기업의 정상영업주기 이내에 현금화가 예상되거나, 정상영업주기 이내에 판매 또는 소비될 의도가 있는 자산을 의미한다. 단기 매매목적으로 보유하는 자산, 결산일 기준 1년(12개월) 이내에 현금화가 될 것으로 예상되는 자산, 현금이나 현금성자산으로서, 결산일 기준 1년 이내 교환 또는 부채상환 목적으로 사용할 자산을 의미한다.

유동성(流動性, Liquidity)은 현금 또는 현금으로 환산(Converible to Cash)이 쉬운 정도를 의미한다. 자산은 결산일을 기준으로 현금화 기간이 단기(1년 이내), 장기(1년 초과) 여부에 따라 유동자산과 비유동자산으로 구분된다.[16] 자산은 유동성 순서에 따라 배열되어 재무상태표에 보고된다. 따라서 유동자산이 먼저 등장하고 다음에 비유동자산이 등장한다. 유동자산 내에서도 이러한 유동성 배열법이 적용된다. 유동성 자산에

16) 이러한 유동성 판별은 부채에서도 동일하게 적용되어 단기(1년 이내) 상환 의무 부채를 유동부채, 장기(1년 초과) 상환 의무 부채를 비유동부채로 구분한다.

서도 유동성 정도에 따라 유동성이 높은 자산부터 유동성이 낮은 자산 순으로 재무상태표에 보고된다. 유동자산 가운데 유동성이 가장 높은 자산은 현금이다. 따라서 재무상태표의 자산 가운데 현금이 첫 번째 항목으로 등장한다.

3-2. 당기 거래의 계좌 자산, 당좌자산

당좌자산에서 당좌(當座)는 당기에 거래가 자주 이루어지는 계좌라는 의미이다. 어음, 수표 지급 결제를 위해 개설한 예금을 당좌예금(當座預金)이라고 하는데, 여기에서도 동일한 의미의 당좌를 사용한다. 따라서 당좌자산은 거래가 빈번하며, 현금으로 전환이 빠른 자산을 의미한다.

유동자산은 당좌자산과 재고자산으로 크게 구분한다. 따라서 재고자산이 아닌 유동자산은 당좌자산으로 분류할 수 있다(당좌자산 = 유동자산 − 재고자산). 당좌자산, 재고자산 이외에 기타유동자산을 추가로 고려하는 경우도 있다. 기타유동자산을 고려한다면, 유동자산에서 재고자산, 기타유동자산을 제외한 유동자산이 당좌자산에 해당된다(당좌자산 = 유동자산 − 재고자산 − 기타유동자산).

유동자산 가운데 당좌자산이 재고자산보다 현금화가 빠르다. 재고자산은 판매과정을 거쳐야 현금화가 가능하므로, 당좌자산(현금 및 현금성자산, 매출채권 등)과 비교해 현금화가 느리다. 유동자산 가운데 중요한 자산은 현금 및 현금성자산, 매출채권, 재고자산이다. 3가지 유동자산 가운데 재고자산을 제외하면 당좌자산 즉 현금 및 현금성자산, 매출채권 등이다. 재고자산은 판매가 실현되면 당좌자산으로 전환된다. 재고자산을 현금으로 판매하느냐 외상으로 판매하느냐에 따라 현금 및 현금성자산 또는 매출채권으로 전환된다.

따라서 유동자산에서 재고자산과 유동자산을 구분해야 기업 유동성에 대해 보다 유용한 정보를 얻을 수가 있다. 이러한 견해를 고려하여 유동자산에서 유동자산에서 재고자산을 제외하여 당좌자산을 별도로 분류한다.

당좌자산을 세분하면, 현금 및 현금성자산, 매출채권, 단기대여금, 미수금, 미수수익, 선급금, 선급비용, 단기금융상품, 단기투자자산 등이다.

〈현금 및 현금성자산〉은 통화 및 타인발행수표의 통화대용증권, 당좌예금, 보통예금, 현금성자산이다. 현금성자산은 현금으로 전환이 용이하고 이자율 변동 등으로 가치변동이 중요하지 않으며 만기가 3개월 이내에 도래하는 금융상품을 의미한다.

〈매출채권〉은 일반적 상거래에서 발생한 외상매출금 또는 받을 어음을 의미한다. 매출채권은 상각이 발생하여 원금에 변화가 발생할 경우, 상각을 반영한 장부가액을 보고한다.

〈대여금〉은 거래처 등에 빌려준 자금을 의미한다. 이 중에 결산일로부터 1년 이내 만기가 도래하는 대여금을 단기대여금으로 분류한다. 대여금도 상각이 발생하여 원금에 변화가 발생할 경우, 상각을 반영한 장부가액을 보고한다.

〈미수금, 미수수익〉은 일반적 상거래 이외에서 재화를 판매하거나,

서비스를 제공한 이후 현금을 회수하지 못하여 발생한 미수채권이다. 일반적 상거래, 즉 재고자산을 판매하거나 주된 사업에 해당하는 용역을 제공하여 현금을 회수하지 못한 경우에 발생하는 매출채권 등과 구별된다. 주된 상거래 이외의 재화를 판매하고 현금을 회수하지 못한 경우에는 미수금으로 기록하며, 용역(서비스)를 제공하고 현금을 회수하지 못한 경우에는 미수수익으로 기록한다.

〈선급금, 선급비용〉은 재화 및 서비스 매입을 위해 미리 지급한 경우에 발생하는 자산이다. 선급금과 선급비용은 미래에 필요한 재화를 제공 받거나 서비스를 제공받을 것을 약속받고 먼저 현금을 지급하여 취득한 일종의 권리이다. 재화 매입을 위해 미리 지급한 경우에는 선급금, 서비스 매입을 위해 미리 지급한 경우에는 선급비용으로 기록한다.

3-3. 이연법인세자산-유동자산

재무회계 기준의 회계이익 관점에서 산정한 법인세비용, 세무회계 관점에서 산정한 실제 납부할 법인세(미지급법인세) 사이에는 차이가 존재한다. 그러나 이러한 법인세비용과 미지급법인세의 차이는 시간이 지나면 소멸될 것으로 예상되는 부분이 있다.

회계기준 관점의 법인세비용과 비교해 당해연도에 실제 납부해야 하는 미지급법인세가 더 큰 경우에 발생하는 차이(소멸될 것으로 예상되는 차이)는, 미래의 세무회계 관점에서 실제 납부해야 할 미지급법인세를 줄여줄 것이다. 따라서 미래 현금 흐름 지출이 감소하므로, 이러한 차이는 자산에 해당된다. 법인세비용과 미지급 법인세차이로 인해 존재하는 자산을 '이연법인세자산'이라고 한다. 이연법인세 자산은 회계이익과 과세소득의 차이가 미래에 소멸될 경우에 기록하는 자산이다. 여기서 미래가 1년 이내 즉 다음 연도에 소멸될 것으로 예상되는 경우에는 유동자산－이연법인세 자산에 해당된다.

예를 들어, 회계기준으로 산정한 법인세비용이 2만 원인 반면, 세무기준으로 산정한 미지급법인세가 2만5천 원인 경우에, 법인세비용과 미지급법인세 차이가 미래에 소멸될 경우에 예상되는 경우에는 이연법인세 자산으로 기록한다. 미래가 1년 이내일 경우에는 유동자산－이연법인세자산[17]으로 분류된다.

3-4. 당좌자산에 속하는 금융자산의 평가와 손익

단기금융상품은 금융기관이 취급하는 정기예금, 정기적금 등으로, 단기자금 운용 목적으로 소유하거나 결산일 기준으로 기한이 1년 이내 도래하는 금융상품을 의미한다. 단기금융상품의 사용에 제한이 있을 경우에는 주석을 통해 별도의 설명을 명기한다.

단기매매증권은 단기간 매매로 시세차익을 얻을 목적으로 보유하는

17) 반대로 당해 연도 미지급법인세가 법인세비용과 비교해 작은 경우에는 미래 지출한 법인세 증가를 의미하므로, '이연법인세부채'로 기록한다. 법인세비용 2만5천 원, 미지급법인세 2만 원으로 산정된 경우 이연법인세 부채로 기록된다. 한편 이연법인세 자산 가운데 법인세비용과 미지급법인세 차이가 1년을 초과하여 소멸될 것으로 예상되는 경우에는 비유동자산－이연법인세자산으로 분류된다.

단기금융상품이다. 이러한 단기매매차익 목적의 유가증권은 당기손익 금융자산으로 분류한다. 당기손익 금융자산은 단기에 매매로 시세차익을 얻을 목적으로 보유하므로, 해당 단기매매증권의 공정가치는 당기손익에 반영한다.

만기보유증권은 만기까지 보유할 목적의 증권으로 1년 이내 만기가 도래하는 증권이다. 만기보유증권은 매출채권, 대여금과 마찬가지로 만기까지 보유할 목적으로 보유한다. 따라서 매출채권, 대여금의 평가와 동일한 회계처리를 적용한다. 만기보유증권은 만기까지 보유할 목적이므로, 취득가액에서 가치가 감소한 상각을 반영한 장부가액을 기록한다.

매도가능증권은 당기손익 금융자산, 만기보유 금융자산에 해당하지 않는 유가증권이다. 유동자산으로 분류하는 매도가능 증권은 1년 이내 만기가 도래하거나 매도 등에 의해 처분이 거의 확실한 증권을 의미한다.[18)]

매도가능증권은 공정가치를 반영하되, 당기손익금융자산에 해당하는 단기매매증권과 달리 매매목적으로 보유하는 것이 아니다. 이러한 매도가능증권의 공정가치 변동분은 당기손익에 반영하지 않고, 기타포괄손익에 반영한다.

매도가능증권의 공정가치 변동분이 당기손익에 반영되지 않으므로, 재무상태표에도 이익잉여금에 반영되지 않는다. 매도가능증권의 공정

18) 매도가능증권, 만기보유증권의 만기가 1년 초과 도래의 경우에는 비유동성 자산으로 분류된다.

가치 변동분은 '자본항목-기타포괄손익누계액'에 반영한다.

매도가능증권의 평가손익을 당기손익(경영성과)에 반영하면, 재무제표 정보의 왜곡 가능성이 있다. 매도가능증권은 만기까지 보유하지 않는 점에서 매도가능은 하지만, 단기간에 손익을 목적으로 처분할 것이 확실하지 않으므로, 단개매매 시세차익 목적의 단기매매증권과는 성격이 구분되는 점을 고려한 것이다.

당기손익 금융자산, 매도가능 금융자산, 만기보유 금융자산, 대여금 및 수취채권의 회계기록 방법을 요약하면 다음 [그림 22]와 같다.

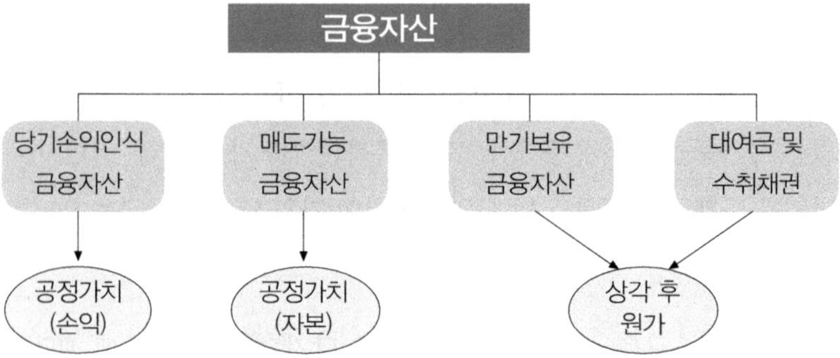

[그림 22] 금융자산 종류와 회계기록 방법

3-5. 거래 발생 이전에 지급한 돈(선급금, 선급비용), 거래 발생 이전에 수취한 돈(선수금, 선수수익)

자산은 미래 경제적 효익을 가져다 주며, 미래 현금흐름을 창출하는 자원이다. 선급금, 선급비용은 거래 발생 이전에 먼저 지급한 돈을 기록하는 계정이다. 선급금은 재화 등을 구매하기 이전에 먼저 지급한 돈을 기록하는 계정이며, 선급비용은 서비스를 제공 받기 이전에 먼저 지급한 돈을 기록하는 계정이다. 선급금, 선급비용은 거래 발생 이전에 돈을 미리 지급하였으므로, 미래 거래가 발생한 시점에서는 현금의 유출을 감소시킨다. 따라서 선급금, 선급비용은 미래의 현금흐름 유출 감소를 통해 미래 현금흐름 유입의 효과를 창출하므로 자산에 해당된다.

선급금, 선급비용은 미래 재화를 구매할 권리, 서비스를 제공 받을 권리이다. 미래 재화와 서비스를 제공 받게 되면, 선급금, 선급비용 등의 자산은 소멸하고 소멸한 자산의 금액은 비용으로 기록된다. 따라서 선급금, 선급비용 등의 자산은 시간이 지남에 따라 소멸하여 비용으로 바뀌게 된다.

부채는 미래에 갚아야(지출해야) 할 금액이나, 소유하고 있는 자원을 사용해 이행해야 하는 의무, 부담 등이다. 선수금, 선수수익은 거래 발생 이전에 먼저 수취한 돈을 기록하는 계정이다. 선수금은 재화 등을 판매하기 이전에 먼저 수취한 돈을 기록하는 계정이며, 선수수익은 서비스를 제공하기 이전에 먼저 수취한 돈을 기록하는 계정이다. 선수금, 선수수익은 거래 발생 이전에 돈을 먼저 수취하였으므로, 미래 거래 발생(재화 판매, 서비스 제공 등)시점에는 현금의 유입을 감소시킨다. 따라서 선수금, 선수수익은 거래 발생이전에 먼저 수취한 돈으로 인해, 미래 이행해야 할 의무, 부담이 존재하는 부채에 해당된다.

선수금, 선수수익은 미래 재화 및 서비스를 제공해야 하는 부담, 의무이다. 미래 재화 및 서비스를 제공하게 되면, 선수금, 선수수익 등의 부채는 소멸하고 소멸한 부채의 금액은 수익으로 기록된다. 따라서 선수금, 선수수익 등의 부채는 시간이 지남에 따라 소멸하여 수익으로 바뀌게 된다. 선수금, 선수수익은 재화, 서비스 제공 부담, 의무 등이 있으나, 금전적으로 상환해야 하는 위험성이 없는 착한 부채라고 할 수 있다. 또한 선수금, 선수수익은 일정 시점이 지나면 수익으로 전환하므로, 선수금, 선수수익 등의 부채 증가는 미래 수익 및 이익의 증가를 예측하는 지표의 성격도 가지고 있다.

3-6. 유동자산을 이용한 유동성 위험 분석

유동성은 기업의 현금 지급능력을 의미한다. 유동자산이 많을수록 기업의 현금 지급능력이 양호하다는 것을 의미한다. 유동자산의 상대적 규모 분석을 통해 기업의 유동성 위험 등을 분석할 수 있다.

유동비율은 유동부채대비 유동자산의 비율(=유동자산/유동부채)을 의미한다. 유동자산은 결산일로부터 1년 이내 현금화가 가능한 자산을 의미하며, 유동부채는 결산일로부터 1년 이내 상환해야 할 부채를 의미한다. 따라서 유동자산이 유동부채보다 더 크면, 1년 이내 상환해야 할 유동부채를 상환하지 못하는 유동성 위험 가능성은 거의 없다. 유동부채 대비 유동자산이 더 클수록 기업의 유동성 위험은 낮아진다.

유동자산에는 당좌자산이외에 재고자산 등이 포함되어 있다. 재고자산은 판매 등의 과정을 거쳐야 현금, 매출채권 등의 당좌자산이 될 수 있다. 재고자산은 당좌자산과 비교해 유동화 과정에서 위험성이 존재한다. 재고자산은 유동화가 쉽지 않을 수 있으며, 실제 매각 및 처분으로 실현되는 현금화가 장부상의 가액보다 작을 수 있다. 따라서 유동비율에서 유동자산 대신 당좌자산을 이용해 유동부채와 비교하는 것이 보다 보수적 관점에서의 유동성 위험 분석이다. 당좌비율은 유동부채대비 당좌자산의 비율(=당좌자산/유동부채)이다. 당좌자산이 유동부채보다 크면, 유동부채 미지불 위험은 거의 없다. 유동부채 대비 당좌자산이 더 클수록 유동성 위험은 낮아진다.

당좌자산을 1일 현금지출과 비교하면, 추가 현금유입이 발생하지 않더라도 현금지출을 방어할 수 있는 일수(기간)을 산정할 수 있다. 이를 방어기간 비율(=당좌자산/ 1일 현금지출)이라고 한다. 방어기간 비율이 높을수록 기업의 유동성 위험은 낮아진다.

3-7. 매출채권 관리와 기업생존

매출채권은 재화 및 서비스 제공 등으로 발생하는 (영업)수익의 대가로 현금을 수취하지 못하고 미래에 현금을 수취할 것을 약속 받을 경우에 발생하는 채권이다. 매출채권은 통상 영업순환 주기 이내(또는 결산일로부터 1년 이내) 등 가까운 미래에 현금으로 유입될 가능성이 크므로 유동자산으로 분류한다.[19] 따라서 매출채권은 가까운 미래에 유입될 현금의 크기를 의미한다.

19) 예외적으로 장기에 걸쳐 상환되는 경우에는 매출채권이 비유동자산이 될 경우도 있다.

신용거래의 확대와 보편화 추세로 매출채권의 발생은 불가피하고 그 비중도 증가하고 있다[20]. 그러나 전년대비 매출액 증가가 없음에도 불구하고, 매출채권만 증가하는 것은 기업 경영의 부정적 신호로 해석될 수 있다. 매출 증가와 함께 매출채권이 비례적으로 증가하는 것은 부정적이지 않다.

그러나 현금매출 비중이 감소하면서, 신용(외상) 매출 비중이 증가하는 것은 기업 현금흐름 측면에서 부정적이다. 동종 업종 평균대비 높은 매출채권 비중과 함께 빠르게 매출채권 비중이 증가하는 경우에는, 기업의 허위 매출채권 계상 등 매출 기록을 이용한 회계부정의 가능성에 대해 의문을 가져볼 수 있다.

매출채권회전율은 평균매출채권 잔액대비 매출액(=매출액/평균매출채권)을 의미한다. 매출액은 손익계산서 계정으로 회계연도 기간중 매출을 의미하는 유량(flow) 정보인 반면, 매출채권은 재무상태표 계정으로 회계기말 시점의 잔액을 의미하는 정량(stock) 정보이다. 따라서 매출액 유량 정보에에 맞추기 위해 매출채권을 기초와 기말의 잔액을 산술평균한 평균매출채권을 사용한다.

매출채권회전율은 매출채권대비 매출액의 비율로 매출액이 증가하거나, 매출채권이 감소할수록, 동 회전율은 증가한다. 매출채권회전율이 증가는 매출채권이 현금으로 회수되어 매출채권 잔액이 감소함을 의미한다. 또한, 매출채권대비 매출액 증가가 빨라 매출액에서 매출채

---

20) 미수금은 영업활동이외의 과정에서 현금을 받지 못하는 채권이라는 점에서 매출채권과 차이가 있다.

권이 차지하는 비중이 감소함을 의미한다.

매출채권은 현금으로 회수하는 것이 중요하다. 매출채권의 현금으로의 미회수는 매출채권의 대손을 의미하며, 이러한 매출채권 회수 불능 등은 기업 현금흐름의 악화를 초래한다. 기업의 매출채권 현금 회수 불능 등은 기업의 현금흐름 악화(소위 말하는 '돈맥 경화')를 유발할 수 있다. 기업의 매출채권 회수 불능과 이에 따른 현금흐름 악화는 기업의 생존에 영향을 미치는 위협 요인이다.

3-8. 매출채권 관리와 대손충당금

기업은 장부에 남아 있는 매출채권을 모두 현금으로 회수하기를 희망한다. 그러나 현실적으로 일부 매출채권은 회수가 어려운 경우가 발생한다. 기업은 과거 경험치 등을 토대로 회수하지 못할 매출채권을 미리 가늠한다. 즉 기업이 보유하는 매출채권의 회수가능성을 점검하하여 회수가 어려운 매출채권의 금액을 비용으로 처리한다.

회계기말에 평가한 매출채권의 회수가능성 평가 결과를 토대로 회수가 어려운 채권상당 금액을 대손충당금으로 설정한다. 대손충당금은 매출채권(자산)에 대한 차감계정으로 대변에 기록하며, 차변에는 대손상각비라는 비용을 기록한다. 대손충당금, 대손상각비를 분개로 표현하면 아래와 같다.

(차변) 대손상각비 XXX (대변) 대손충당금 XXX

대손충당금은 매출채권에 대한 차감계정으로 재무상태표의 매출채권 잔액 아래에 차감 표시로 나타난다. 대손충당금을 매출채권으로 차감 표시하면, 매출채권 잔액, 차감 표시한 대손충당금 정보가 제공되며, 이를 통해 매출채권의 장부가액(= 매출채권 잔액 – 대손충당금)의 정보가 재무상태표를 통해 확인할 수 있다. 재무상태표에 표시되는 대손충당금은 차감이라는 의미에서 괄호로 표시된다.

(예시: 재무상태표에서 매출채권, 대손충당금 표시)

매출채권	1억 원	
대손충당금	(1천만 원)	→ 매출채권 장부금액 9천만 원

대손충당금은 추정에 의해 적립되므로, 과다 또는 과소하게 적립될 가능성이 있다. 대손충당금이 과다하게 적립되면, 대손상각비도 과다하게 적립되므로 이익이 과소하게 보고된다. 반대로 대손충당금이 과소하게 적립되면, 대손상각비도 과소하게 적립되므로 이익은 과대하게 보고된다.

매출채권 이외에 대여금, 미수금에도 대손충당금을 적립한다. 이와 같은 대손충당금 적립의 과다 및 과소를 통해 기업은 이익을 조정하여 보고할 가능성이 있다. 전문 경영인이 취임 초기에 대손충당금을 과다하게 적립하여 이익을 과소하게 보고하는 Big Bath 유형의 이익조정을 1장 8.4절에서 살펴본 바 있다. 자세한 내용은 관련 부분을 살펴보기 바란다.

대손충당금 급증 등에 대해서는 주석 등을 통해 급증한 사유를 확인할 필요가 있다. 동종 업종 평균과 비교해 과다 또는 과소한 대손충당금 적립등에 대해서는 구체적 근거 등을 확인할 필요가 있다.

매출채권 등에 대한 대손충당금 적립이후, 매출채권 등의 회수불능이 확정될 경우에는, 적립한 대손충당금과 관련 매출채권 등을 감액한다. 따라서 매출채권 회수불능이 확정될 경우에는 대손상각비 계상 등과 같은 비용을 인식하지 않는 것을 확인할 수 있다. 대손충당금을 이용해 매출채권 회수불능을 확정하는 분개는 다음과 같다. 대손충당금은 대변 잔액이므로, 이를 감액하기 위해서는 대손충당금이 차변에 기입된다. 매출채권은 차변 잔액이므로, 이를 감액하기 위해서는 매출채권이 대변에 기입된다.

(차변) 대손충당금 XXX　　(대변) 매출채권 XXX

매출채권 회수 가능성을 검토하여 대손충당금을 적립하는 것은 마치 욕조에 물(대손충당금)을 채우는(적립) 것과 유사하다. 매출채권 회수불능이 확정되어 적립한 대손충당금을 감액하는 것은 욕조에 채워 놓은 물(대손충당금)을 퍼내는 것과 유사하다. 이러한 관점에서 대손충당금을 과다하게 적립하는 것(이익을 과소하게 보고하는 것)이 큰 욕조에 물을 채우는 것과 유사하다고 하여 이러한 이익조정을 'Big Bath'로 부르게 되었다.

3-9. 창고에 있는 자산, 재고자산

재고자산(在庫資産, Inventories)은 창고(倉庫)에 있는(在) 자산이라는 의미를 가진다. 자산을 판매할 목적으로 매입해서 보유하는 경우에는 창고에 보관하기 쉽다.

판매기업의 경우에 판매할 목적으로 창고에 쌓아두거나 매장에 진열하는 상품이 재고자산에 해당된다. 제조업의 경우에는 제조를 위한 원재료, 미완성제품(재공품), 완성 제품 가운데 미판매 제품 등이 재고자산에 해당된다. 제조업도 이러한 재고자산을 생산현장이나 판매점 등의 창고, 진열대 또는 수출직전의 콘테이너 창고 등에 보관할 것이다. 이와 같이 재고자산은 창고, 진열대를 비롯하여 다양한 생산 및 판매현장 등에 존재한다.

재고자산은 당좌자산에 비해 유동성이 낮다. 재고자산은 상품, 제품, 재공품, 원재료, 기타재고자산으로 분류된다.

상품은 판매 목적으로 매입한 물품을 의미한다. 상품매매업(예: 백화점 등) 영위 기업이 판매할 목적으로 매입한 재고자산이 상품에 해당된다. 제품은 제조하여 판매하는 제조업체들이 제조한 생산품 및 부산물 등을 의미한다. A자동차, B전자 등이 판매할 목적으로 제조한 생산품 및 부산물 등이 해당된다. 재공품은 제품 제조를 위해 생산과정에 있는 미완성 물품이다. 원재료는 제품 제조를 위해 매입한 원료, 재료 등이다.

3-10. 재고자산과 이익

재고자산은 다른 자산과 마찬가지로 취득원가로 기록하는 것이 원칙이다. 제조업은 제품을 제조해서 판매하므로, 재고자산의 취득원가는 제조원가이다. 상품 매매업은 상품을 매입해서 판매하므로, 상품의 매입원가가 재고자산의 취득원가이다. 제조업의 경우에는 완성된 제품

뿐 아니라, 재공품(work in process), 반제품(semi-finished goods, 현재 상태에서 판매 가능하다는 점에서 재공품과 차이), 원재료 등도 재고자산에 포함된다.

재고자산은 판매되는 제품이나 상품에 비해 많은 제품을 제조했거나 상품을 매입할 경우에 증가한다. 재고자산 증가는 제품이나 상품의 판매가 예상보다 부진하다는 것을 의미하므로, 재고자산 증가는 경영의 적신호 경고라 할 수 있다. 재고자산 증가는 재고자산 취득을 위한 투자 또는 매입 등의 지출이 그만큼 과도했다는 것을 의미한다. 매입이나 제조한 재고자산이 판매되지 않은 결과는 그 만큼의 돈이 재고자산에 묶여 있다는 것을 의미한다.

그러나 이러한 재고자산 증가에도 불구하고 기업의 이익은 증가하는 것으로 보고될 수 있다. 기말 재고자산의 증가는 당기의 매출원가를 낮추어 당기의 이익 증가에 기여하는 것으로 보고된다.

매출원가는 기초재고자산, 당기매입(또는 제조) 재고자산의 합에서 기말 재고자산을 차감(매출원가 = 기초재고 + 당기매입(제조) - 기말재고)한 것으로 계산된다. 기초재고와 당기매입(제조)의 합이 판매가능한 재고자산이고, 기말재고는 판매가능한 재고자산에서 판매되지 않은 재고자산을 의미한다. 따라서 매출원가는 판매가능한 재고자산에서 기말재고를 차감한 것이다. 매출원가 산정(=기초재고 + 당기매입(제조) - 기말재고)에서 기말재고가 증가하면, 매출원가는 감소하고, 이러한 매출원가의 감소는 이익의 증가에 기여한다. 그러나 이러한 기말재고 증가에 따른 이익 증가 기여는 당기에 국한되어 발생되고, 다음 기로 넘어가면 이러한 효과는 사라진다. 이는 당기의 기말재고가 다음 기에는 기초재고가 되기 때문이다. 다음 기의 기초재고 증가는 다음 기의 매출원가를 증가시키고, 다음 기의 이익 감소에 기여한다. 즉 이번 기와 다음 기를 함께 고려하면, 이번 기의 기말재고 증가에 따른 이익 증가 효과는, 다음 기의 기초재고 증가에 따른 이익 감소 효과로 상쇄되어 진다.

아무튼, 우리가 주목해야 하는 부분은, 기말 재고자산은 당기, 즉 이번 기의 매출원가 감소와 함께 이익 증가에 기여한다는 것이다. 재고자산 증가는 기업 경영의 적신호임에도 불구하고, 당기에는 재고자산 증가에 따른 이익 증가 효과로 인해 재고자산 증가와 관련된 기업 경영의 적신호를 간과할 수 있다는 것이다.

재고자산 증가가 이익 증가에 기여하는 착시 효과를 낮추기 위해서는 재고자산 증가의 부정적 효과를 당기에 반영할 필요가 있다. 판매되지 않고 기말에 남은 재고자산은 취득가액보다 낮은 가격에 판매될 가능성이 크다. 재고자산의 미래 판매가치가 제조원가 등 취득원가보다 더 낮아질 것으로 판단되는 경우, 재고자산의 취득가액을 차감하기 위해 재고자산평가손실을 반영하고, 재고자산평가손실충당금 계정을 적립할 수 있다. 재고자산의 평가손실은 매출원가로 반영된다. 재고자산평가손실의 매출원가 인식으로 재고자산 증가 관련 이익의 과대보고 가능성을 차단할 수 있다. 재고자산 평가손실, 재고자산 평가손실 충당금 반영의 회계처리는 다음과 같다.

(차변) 재고자산평가손실 XXX (대변) 재고자산평가손실충당금 XXX

재고자산은 취득원가주의의 예외로 저가법을 적용한다. 저가법은 재고자산의 취득원가와 순실현가능가치 가운데 낮은 가격을 재고자산의 장부가격으로 반영한다는 것이다. 여기에서 순실현가능가치는 재고자산의 판매가능 금액에서 판매과정에 발생할 수 있는 기타비용(운임 등)을 제외한 금액을 의미한다. 재고자산의 취득원가와 비교해 미래 판매 이후 회수하는 금액이 낮다면, 재고자산을 취득원가로 기록하지 않고, 취득원가보다 낮은 순실현가능가치로 기록한다는 것이다. 재고자산의 취득원가주의 예외 적용으로 재고자산평가손실, 재고자산평가손실충당금 반영 회계처리가 필요하다.

재고자산 평가손실 반영 이후(다음 연도 등에), 재고자산의 가치가 회복될 경우에는 전년도 등에 적립한 재고자산평가손실충당금을 감액시키고, 동시에 재고자산평가손실환입으로 매출원가를 감액시킨다. 재고자산평가손실이 매출원가에 반영되었으므로, 재고자산평가손실환입은 그만큼 매출원가를 감액하여 환원시키는 것이다. 재고자산평가손실충당금이 대변잔액이므로 재고자산평가손실충당금 감액은 차변에 기입한다. 재고자산평가손실환입은 매출원가의 감액이므로, 매출원가(비용)의 감액 조정은 대변에 기입한다. 재고자산평가손실이 회복할 경우의 회계처리 예시는 다음과 같다.

(차변) 재고자산평가손실충당금 XXX (대변) 매출원가(재고자산평가손실환입) XXX

한편 재고자산평가이익이 발생한 경우에는 재무제표에 반영하지 않는다. 이는 회계보수성 관습에 기인한 것이다. 회계보수성은 손실은 적극적으로 반영하면서, 이익은 소극적으로 반영하는 회계의 오래된 관행이다. 재고자산평가손실이 발생한 경우에 회복하는 것도 기존에 반영한 평가손실 반영분을 한도로 회복한다. 당초 취득가액을 초과해서 회복할 수 없다. 재고자산평가이익 반영이 존재하지 않기 때문이다.

3-11. 원가흐름 가정에 따라 달리 평가되는 재고자산

재고자산은 영업활동과정에서 판매할 목적으로 제조 또는 매입한 자산이다. 따라서 재고자산은 기업의 이익창출과 밀접한 연관성이 있다. 재고자산의 매입과 매출 흐름에 대한 가정에 따라 기말재고자산, 기초재고자산의 평가가 달라지고, 결과적으로 매출원가와 이익이 달라진다.

예를 들어, 기름을 판매하는 주유소를 생각해보자. 주유소는 기름 판매를 위해 5월1일에 1,000리터(리터당 1천 원), 5월2일에 1,000리터(리터당 1천1백 원), 5월3일에 1,000리터(리터당 1천2백 원)을 매입하여 총 3,000리터의 판매가능한 기름을 보유하고 있다. 5월5일에 기름 1,000리터를 리터당 1,500원에 판매하여 1백5십만 원의 매출을 기록하였다. 주유소에서 판매한 기름 1,000리터의 매출원가는 어느 가격인가? 가장 먼저 매입한 5월1일 기름이 판매하였다고 가정하면, 매출원가는 1백만 원이며, 매출총이익은 5백만 원이다. 가장 나중에 매입한 5월3일 기름이 판매하였다고 가정하면, 매출원가는 1백2십만 원이며, 매출총이익은 3백만 원이다. 기름이 저장고에 이미 혼합되었으므로, 평균매입가격인 리터당 1천1백 원에 판매하였다고 가정하면, 매출원가는 1백1십만 원이고, 매출총이익은 4백만 원이다.

'어느 시점, 어느 가격에 매입된 재고가 매출원가에 포함되고, 판매되지 않은 기말재고로 남아 있느냐?'에 따라 매출원가, 매출총이익이 달라진다. 어느 시점에 매입한 것을 판매한 재고자산으로 보느냐, 또는 미판매 재고자산으로 판단하는 것은 재고자산의 원가흐름에 대한 가정에 따른다.

재고자산 원가흐름의 가정은 크게 3가지로 구분된다. 먼저 매입한 것이 먼저 판매한 것으로 가정하는 선입선출법(First－in, First－out Method, FIFO), 나중에 매입한 것이 먼저 판매된 것으로 가정하는 후입선출법(Last－in, First－out, LIFO), 평균 매입단가를 적용하는 평균법(Average Method) 가운데 하나를 선택하여 재고자산 원가흐름을 설정한다.

선입선출법은 매입한 순서대로 판매되었다고 가정하므로, 최근에(나중에) 매입한 것이 기말재고로 남아있다고 가정한다. 선입선출법이 기업의 실제 실물흐름과 유사한 경우가 있다. 예를 들어 식료품 의약품 등 유통기한이 정해진 업종에서는 먼저 제조하거나 매입한 식품이나 의약품 등이 먼저 판매되는 실물흐름을 가질 가능성이 크다. 매입 판매 시점마다 선입선출법을 적용하거나(계속기록법), 기말에 가서 일괄적으로 선입선출법을 적용하나(실사법) 기말 재고자산, 매출원가는 별다른 차이가 없다.

후입선출법은 최근(나중)에 매입한 순서대로 판매되었다고 가정하므로, 먼저 매입한 것이 기말재고로 남아있다고 가정한다. 후입선출법은 소비자의 최신 선호 등에 민감하게 반응하는 업종의 실물흐름에 부합할 것이다. 한편 상장회사 및 금융업에서 채택하는 한국채택 기업회계기준(K－IFRS)에서는 후입선출법을 인정하지 않는다.

평균법은 평균 매입단가를 산정하여 매출원가와 기말 재고자산에 동일하게 적용하는 방법이다. 우리나라에서는 가장 널리 사용되는 방법으로 알려져 있다. 평균법은 판매, 매입시점별 평균단가를 계산하여 계속 기록하여적용하는 이동평균법, 기말시점에 총평균 매입단가를 계산하여 적용하는 총평균법으로 구분된다.

재고자산의 매입단가가 지속적으로 상승하는(인플레이션 지속)을 가정할 경우에는, 나중에 매입한 것이 높은 취득원가를 가지고, 먼저 매입한 것이 낮은 취득원가를 가진다. 선입선출법은 나중에 취득한 것이 재고자산으로 남게 되므로, 인플레이션 지속 가정하에서는 기말재고자산이 높게 평가되며, 매출원가가 낮게 평가된다. 반대로 후입선출법에서는 나중에 취득한 것이 판매된 것으로 가정하므로, 기말재고자산이 낮게 평가되며 매출원가가 높게 평가된다. 평균법은 선입선출법과 후입선출법 사이의 기말재고자산, 매출원가를 반영한다. 반대로 회계기간 중에 재고자산 취득원가가 하락하는 디플레이션이 지속된다고 가정한다면, 후입선출법, 평균법, 선입선출법 순으로 기말 재고자산이 높게, 매출원가가 낮게 반영되어 보고될 것이다.

3-12. 재고자산 관리가 곧 기업 경쟁력

주문제작, 대량제조 등 제조 및 판매 방식 차이 등에 따라 기업별 재고자산의 보유기간, 양에 차이가 있다.

재고자산 보유 기간, 판매 속도 등을 재고자산 회전율로 분석한다. 재고자산 회전율은 매출원가를 평균 재고자산으로 나누어 산정(=매출원가/평균 재고자산)한다. 매출원가는 회계기간중에 대한 정보인 반면, 재고자산은 기말 특정시점의 정보이므로, 재고자산을 기초와 기말의 산술 평균으로 계산한 평균 재고자산을 매출원가와 비교하여 평가한다.

한편 매출원가의 활용이 원활하지 않을 경우에는 매출원가대신 매출액을 이용하여 재고자산 회전율을 계산할 수도 있다. 재고자산이 취득원가로 기록되어 있으므로, 취득원가로 기록된 매출원가를 이용하는 것이 원칙이다. 그러나 재고자산 원가흐름의 가정, 정보의 활용 등을 고려하여 매출원가 대신 매출액을 이용할 수도 있다.

재고자산회전율의 감소는 판매 부진 또는 재고자산 과대 매입(제조) 등에 따른 재고자산 보유량의 상대적 증가를 의미한다. 재고자산 회전율이 일정 수준 이하로 내려가지 않도록 적극적 마케팅을 활용해 판매 부진을 극복하거나, 악성 재고가 쌓이지 않도록 판매예측대비 적정 재고 유지 관리가 중요하다.

재고자산 회전율은 재고자산 보유기간으로 표현될 수도 있다. 재고자산 보유기간은 평균재고자산을 일평균매출원가로 나누어 산정(= (평균)재고자산/일평균매출원가)한다. 일평균매출원가는 매출원가를 365로 나누어 산정(=매출원가/365)한다. 따라서 재고자산 보유기간은 [(평균)재고자산 / 매출원가] * 365로 산정되어도 동일한 결과가 나온다. 재고자산 회전율 저하는 재고자산 보유기간 증가를 의미한다.

3-13. 재고자산 판매, 매출채권 회수의 중요성

기업 경영활동은 재무활동, 투자활동, 영업활동으로 구분한다. 기업 영업활동은 기업이 자산을 활용해 수익을 창출한다. 다음 [그림 23]은 기업 영업활동에서 재고자산 판매, 매출채권 현금 회수의 기능과 중요성을 강조하고 있다.

기업은 현금, 비유동자산 등을 이용해 기업이 판매할 재고자산을 매입하거나 제조한다. 재고자산의 판매는 기업의 수익, 이익과 연결된다. 재고자산이 판매되지 않고 보유기간이 길어질수록, 기업의 수익성은 저하되고 현금흐름도 악화된다. 기업 재고자산의 원활한 판매에도 불구하고, 매출채권의 현금 회수가 원활하지 않으면, 기업은 현금흐름 악화 위험에 처할 수 있다. 재고자산의 효율적 관리와 판매와 매출채권의 원활한 현금 회수는 기업 경영활동에서 수익 창출과 원활한 현금흐름 유지에서 중요성이 크다.

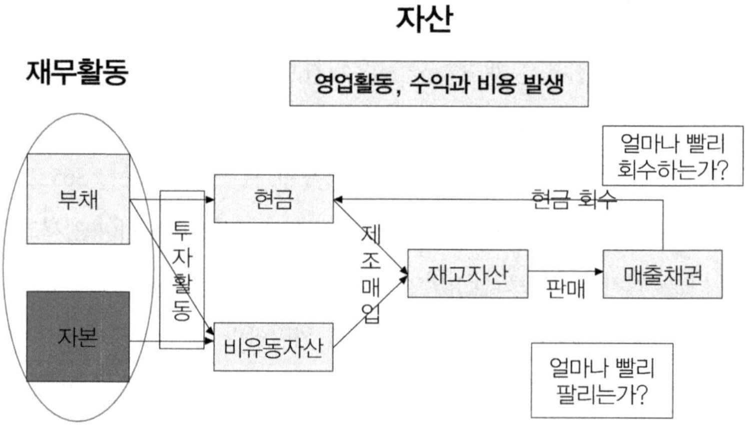

[그림 23] 기업 경영활동에서 재고자산 판매, 매출채권 현금 회수

4. 유동자산이 아닌 자산, 비유동자산

"비유동자산은 유동자산과 비교해 유동성이 낮은 자산이다. 회사가 정상적 상태에서 장기간에 걸쳐 현금화가 가능한 자산이 비유동자산(단기간 내에 현금화가 가능한 자산은 유동자산) 이다. 비유동자산은 유형자산, 무형자산, 투자자산, 기타 비유동자산으로 구분한다."

4-1. 유동성이 낮은, 비유동자산

자산은 크게 유동자산, 비유동자산으로 구분한다. 비유동자산은 유동자산과 비교해 유동성이 낮은 자산이다. 회사가 정상적 상태에서 장기간에 걸쳐 현금화가 가능한 자산이 비유동자산(단기간 내에 현금화가 가능한 자산은 유동자산)이다.

단기 및 장기는 1년 주기 또는 영업순환주기로 구분한다. 즉 결산일로부터 1년 이내 또는 정상적 영업순환주기 내에 현금화가 어려운 자산을 비유동자산으로 분류한다. 영업순환주기는 구매(또는 제조), 판매, 자금회수 등의 주기로 업종별 기업별 차이가 있다. 영업순환주기는 1년보다 단기 또는 장기일 수 있다.

비유동자산은 유형자산, 무형자산, 투자자산, 기타비유동자산으로 구분한다. 유형자산(Tangible Assets)은 토지, 건물, 기계, 설비자산, 건설중인 자산 등이다. 무형자산(Intangible Assets)는 영업권, 산업재산권, 개발비 등이다. 투자자산으로는 장기투자증권, 장기대여금 등이다. 기타 비유동자산으로는 임차보증금, 이연법인세자산, 장기매출채권, 장기미수금 등으로 유형, 무형, 투자자산에 속하지 않는 비유동자산이다.

창업 또는 기업 경영활동을 위해서는 최소한의 비유동자산, 그중에서도 유형자산이 필요하다. 유형자산은 영업활동을 위해 필요한 토지, 건물, 기계 등이 해당된다. 대부분 기업 경영의 기본적 형태는 바로 유형자산에서 출발한다. 유형자산은 비유동자산 가운데 하나로 1년 이상 사용 목적의 장기 유형자산을 의미한다. 유형자산 가운데 건설중인 자산은 장기에 걸쳐 건설이 진행 중인 자산으로, 건설중인 자산은 완공이후 건물 등으로 대체된다. 건설중인 자산을 통해 기업이 투자확대 중에 있음을 추정할 수 있다.

4-2. 경영의 힘, 유형자산

유형자산은 형체가 있는 자산(Tangible Assets)이다. 기업이 영업활동을 위해 보유하는 토지, 건물, 구축물, 기계장치, 차량, 건설중인 자산 등이 해당된다. 결산일 기준 향후 1년을 경과하여 계속 보유할 목적의 자산이 해당된다.

형체가 있는 자산이더라도 제조, 판매 등 영업활동에 사용하지 않고 가치 상승을 목적으로 보유하는 투자목적의 건물, 토지 등은 투자 부동산으로 처리한다.

토지는 대지, 임야 등이며, 건물은 건물과 부속된 설비를 포함한다. 구축물은 교량, 궤도, 토목설비를 포함하며, 기계장치는 기계장치 및 운송설비, 그 부속설비 등을 포함한다. 건설중인 자산은 유형자산의 건설을 위한 재료비, 노무비, 경비로 구성된다. 건설을 위해 지출한 도급금액으로 건설중인 자산을 기록한다.

업종별로 유형자산 비중이 높은 업종들이 있다. 예를 들어 석유화학업체 등은 기계장치, 플랜트 등의 유형자산 비중이 높다. 석유화학업체에서는 이들 유형자산이 수익의 원천이다.

유형자산이 계열분리의 기준이 된 사례가 있다. 국내 모 계열은 두 가문이 공동경영을 하다가, 창업 2세대로 내려오면서, 두 개의 계열로 분리되었다. 분리된 A계열은 토지, 건물, 기계설비 등 유형자산의 비중이 많은 업종(예: 석유화학, 건설 등) 중심으로 분리되었으며, 분리된 B계열은 유형자산 비중이 상대적으로 낮으면서, 연구개발, 기술특허 등이 중요한 업종(예: 바이오, 전자 등) 중심으로 분리되었다. 결과적으로 A계열은 형체가 있는 유형자산 중심의 업종을 선호한 반면, B계열은 유형자산보다는 무형자산 비중이 높은 업종을 높게 평가한 것으로 추정된다.

4-3. 유형자산의 감가상각, 감가상각충당금

유형자산은 영업활동의 중요한 원천이다. 유형자산은 취득 이후 수익을 창출하는 과정에서 가치가 감소한다. 비용은 수익을 창출하는 과정에서 희생되는 자원의 유출 또는 현금의 지급이므로, 수익이 창출되는 과정에 대응하여 기록한다(수익비용 대응의 원칙: Matching Principle). 유형자산은 수익 창출과정에서 사용되므로, 유형자산의 가치감소분을 창출된 수익에 대응한 비용으로 인식하여야 한다.

감가상각에서 감가(減價)는 가치가 감소한다는 의미이다. 감가상각은 유형자산의 가치감소를 유형자산이 사용 가능할 것으로 기대되는 기간(내용연수) 중에, 자산 감소, 비용으로 인식하고 기록하는 방법이다.

취득원가로 기록된 유형자산의 장부가치를 하향조정하기 위해 자산의 가치감소분을 감가상각충당금(자산의 차감계정－부채)으로 반영(적립)하고, 자산 가치감소에 해당하는 비용을 감가상각비(비용)로 기록한다. 감가상각비 반영, 감가상각충당금 적립의 분개는 다음과 같다. 감가상각비 비용은 차변에, 감가상삭충당금은 대변에 기입한다.

(차변) 감가상각비 XXX (대변) 감가상각충당금(부채－자산차감계정) XXX

감가상각비용은 손익계산서에 비용으로 기록 보고된다. 감가상각충당금은 이론적으로는 대변에 기록되는 부채항목이다. 그러나 자산의 차감계정으로 감가상각 대상 자산 아래에 괄호로 표기하여 나타난다. 다음은 재무상태표에 감가상각충당금이 표시되는 예시이다. 감가상각충당금 누계액이 자산의 아래에 표기되어 자산의 장부가액(= 취득원가－감가상각누계액) 정보도 확인할 수 있다.

(예시: 재무상태표 유형자산, 감가상각충당금(감가상각누계액) 표기)

유형자산	1억 원	→ 유형자산 장부금액 9천만 원
유형자산(감가상각누계액)	(1천만 원)	

유형자산과 관련된 회계처리는 취득, 보유, 처분 과정에서 발생한다. 취득시에는 취득관련 제반 비용을 포함하여 취득가액으로 기록한다. 보유 중에는 유형자산의 가치 감소분을 감가상각비, 감가상각충당금

을 통해 반영하는 회계처리를 한다.

보유중이던 유형자산을 처분할 경우에는, 처분하는 유형자산 관련된 취득가액, 감가상각충당금을 제거한다. 유형자산 처분으로 수령하는 금액과 유형자산 처분 장부가액(= 취득가액−감가상각충당금)과의 차이를 비교하여 유형자산 처분이익 또는 유형자산 처분손실을 반영한다.

유형자산의 장부가액보다 매각금액이 크면, 유형자산 처분이익이 대변에 기록된다. 반대로 유형자산의 장부가액이 매각금액보다 크면, 유형자산 처분손실이 차변에 기록된다. 다음은 유형자산 처분 과정에서의 분개 사례이다.

(유형자산 처분 사례1 : 유형자산 처분가액 〉 유형자산 장부가액 경우)
(차변) 감가상각충당금 100 / (대변) 유형자산 1,000
(차변) 현금 또는 미수금(처분가액) 1,100 / (대변) 유형자산 처분이익 200

(유형자산 처분 사례2 : 유형자산 처분가액 〈 유형자산 장부가액 경우)
(차변) 감가상각충당금 100 / (대변) 유형자산 1,000
(차변) 현금 또는 미수금(처분가액) 800 /
(차변) 유형자산 처분손실 100 /

4-4. 유형자산의 감가상각 방법들

감가상각은 유형자산의 가치 감소분을 유형자산을 사용하는 기간의 각 회계연도로 비용으로 배분한다. 유형자산 가치감소분의 회계연도로의 비용 배분하는 방법은 다양한 방법 가운데 선택할 수 있다. 유형자산의 감가상각 방법으로는 정액법, 가속상각법(정률법, 연수합계법), 생산량비례법이 있다.

정액법은 가치 감소분을 동일한 금액으로 각 회계연도에 배분한다. 정액법은 유형자산의 가치가 시간의 경과에 따라 일정하게 그 가치가 감소한다고 가정한 것이다.

가속상각법은 유형자산 구입 초기에 감가상각을 많이 기록하는 방법이다. 가속상각법으로는 정률법, 연수합계법 등이 있다. 가속상각법은 유형자산은 구입 초기에 가치 감소가 크게 발생한다고 가정한다. 유형자산은 구입과 동시에 중고 자산이 되는 등, 취득초기에 감가상각이 상대적으로 크게 발생한다고 보는 것이 맞다고 보는 관점이다.

정률법은 장부가액에 일정비율을 곱해서 유형자산의 취득초기에 감가상각 비중을 높인다. 예를 들어 취득가액(장부가액) 1억의 유형자산에 50%의 정률을 잔존가치에 적용하여 감가상각을 하면, 첫해는 1억의 50%인 5천만 원을 감가상각하고 장부가액이 5천만 원으로 감소한다. 둘째 해에는 장부가액 5천만 원에 50%를 적용한 2천5백만 원을 감가상각한다. 이러한 방식으로 취득 초기에 감가상각을 상대적으로 많이 기록한다.

연수합계법은 총 내용연수의 합(예: 내용연수가 3년이면, 6=1+2+3)에서 첫해에 가장 높은 감가상각 비중을 적용(예: 내용연수 3년의 첫해는, 3/6, 50% 적용)하고 차츰 그 비중을 낮추는 방식(예: 내용연수 3년의 둘째해는, 2/6 적용, 셋째해는 1/6 적용)으로 유형자산 취득 초기에 높은 감가상각을 적용한다.

생산량 비례법은 유형자산의 생산량 등에 비례하여 가치가 감소한다고 가정한다. 유형자산의 총생산량 대비 각 회계연도의 생산량 비중을 적용하여 감가상각을 반영한다. 예를 들어, 총 10만장을 복사할 수 있는 복사기가 첫해에 1만장을 복사했다면, 10%의 감가상각을 적용하고, 둘째해에 2만장을 복사했다면, 20%의 감가상각을 적용하는 방식이다.

정액법, 가속상각법(정률법, 연수합계법 등), 생산량비례법 등 감가상각 방법별 시간, 감가상각비의 형태는 다음과 같다.

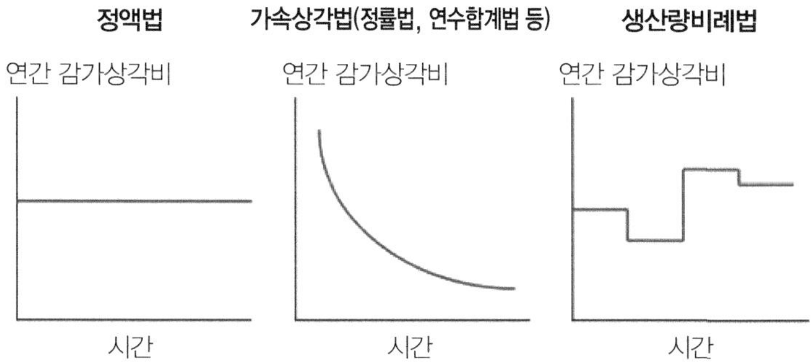

[그림 24] 감가상각방법 형태별 시간과 감가상각비 관계

4-5. 감가상각비는 당해 연도 손익계산서에 반영되는 비용인가?

감가상각비는 어떠한 비용으로 반영되느냐 등에 따라 당해연도 비용에 반영될 수도 있고, 그렇지 않을 수도 있다. 감가상각비는 감가상각 대상 유형자산의 종류에 따라 판매관리비, 제품의 제조원가에 반영된다.

제품의 제조 등과 관련성이 낮은 건물 등의 감가상각비는 손익계산서의 판매관리비에 반영된다. 판매관리비는 매출총이익(= 매출액－매출원

가) 이후 판매관리에 해당하는 비용으로, 매출총이익에서 판매관리비를 차감하여 영업이익이 산정된다.

제품 제조와 관련성이 높은 공장, 기계설비 등의 감가상각비는 제품 제조원가에 반영된다. 제품 제조원가에 반영된 감가상각비는 제품이 판매될 경우에는 매출원가에 반영된다. 그러나 제품 제조원가에 반영되더라도, 판매되지 않은 제품은 재고자산으로 반영된다. 재고자산에 반영된 감가상각비는 손익계산서의 비용으로 포함되지 않는다.

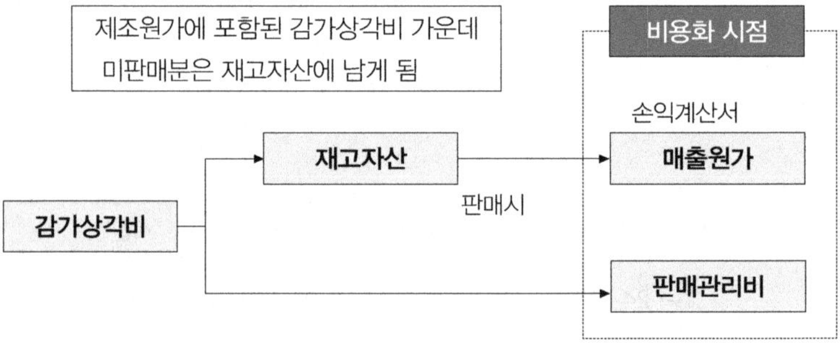

[그림 25] 감가상각비의 손익계산서 비용 반영 과정, 시점

4-6. 유형자산 수선비는 비용인가, 자산인가?

유형자산의 계속 사용을 위해서는 개량이나 수선비의 지출이 발생한다. 유형자산의 개량 및 수선비를 자산의 증가로 기록하느냐, 당해 회계연도의 비용으로 반영하느냐의 이슈가 제기된다.

유형자산의 개량 및 수선비를 자산으로 반영한다면, 개량 및 수선비의 지출은 일단 자산으로 반영되고, 자산의 감가상각을 통해 비용으로 보고된다. 따라서 유형자산의 개량 및 수선비를 자산으로 반영하면, 개량 및 수선비의 비용 반영이 미래 시점으로 이연되는 효과가 있다. 유형자산의 개량 및 수선비로 기존 유형자산의 가치가 높아지는 경우에는, 개량 및 수선비를 자산가치의 증가로 반영할 수 있다. 자산가치의 증가로 반영할 수 있는 개량 및 수선비의 지출을 자본적지출(capital expenditure)라고 한다.

예를 들어, 건물, 기계 등의 기능 및 수명을 연장하는 대규모 개량 및 수리비용 등은 유형자산에 대한 자본적 지출로 본다. 1년이상 장기에 걸쳐 유형자산의 사용 기능을 개선시키거나, 내용연수를 연장시키는 수리비용 등이 자본적지출에 해당된다.

유형자산의 개량 및 및 수선비용을 당해 연도의 비용으로 처리할 수도 있다. 유형자산의 기능 및 내용연수를 연장하는 수준의 개선이 아닌, 현재 사용상태 유지를 위한 지출 등은 자산가치의 증가에 반영하기 미흡하므로, 당해 연도의 비용으로 기록한다. 이와 같이 비용으로 처리하는 수선비를 수익적지출(revenue expenditure)로 기록한다. 통상적 수리, 수리의 효과가 1년 이내 단기에 그치는 경우, 소액 수리비용 등은 수익적지출로 간주하여 전액 비용으로 처리한다.

유형자산 개량 및 수선비의 자본적지출, 수익적지출 판단여부는 기업의 재량적 판단의 여지가 있다. 기업들은 개량 및 수선비를 자본적지출로 분류하여 수선비용의 반영을 이연시키거나 줄이고자 하는 동기가 생길 수 있다. 미국에서는 의도적으로 자본적지출을 과대하게 계상하여, 기업의 비용을 낮추는 회계부정 사건이 발생한 바 있다.

미국 통신사 World Com은 통신장비 및 시설에 발생하는 수리 비용의 자본화를 통한 비용 축소 보고를 위해 의도적으로 수선비의 자본적 지출 오분류를 지속적으로 수행하였다. World Com의 자본적지출 오분류는 기업 파산과정에서 발견되어, 미국 회계정보에 대한 신뢰성 저하와 함께 자본시장에 부정적 영향을 미쳤다. World Com은 동종 업종(통신업종)과 비교해 수선비의 낮은 비용 반영, 높은 자산화 반영 등이 파산 이전 오랜기간 동안 나타났다. 동종 업종대비 낮은 비용 반영, 높은 자산화를 보이는 업체의 수선비 회계처리에 대해서는 면밀한 분석이 필요한 사례를 보여주고 있다.

4-7. 보이지 않는 힘, 무형자산

무형자산은 형태가 없는 자산(Intangible Assets)으로, 미래 경제적 효익을 창출한다. 무형자산은 유형자산처럼 형태가 보이지는 않지만, 유형자산보다 잠재가능성이 큰 경우가 많다. 최근 기업가치 평가 등에서도 기업이 보유한 무형자산을 유형자산보다 높게 평가하는 경향이 나타나고 있다. 한편 무형자산이 회계장부에 기록되기 위해서는 무형자산의 가치가 신뢰성 있게 측정되어야 한다.

회사가 보유한 기술력, 브랜드, 영업력, 관리능력 등은 형태가 없으면서 미래 경제적 효익 창출에 기여한다. 신뢰성 있는 가치평가가 가능한 영업권, 산업재산권, 광업권, 어업권, 차지권, 개발비 등이 대표적 무형자산이다.

〈영업권〉은 합병, 영업양수 등의 과정에서 회사가 인수대상의 장부가치보다 더 많은 금액을 지불하고 취득하는 경우에 발생하는 무형자산이다. 영업권은 회사의 일상적 영업과는 무관하며, 일종의 프리미엄(또는 '권리금') 지불의 개념이다.

다음은 영업권을 자산으로 기록한 사례와 관련 분개이다. 인수한 자산 200억 원, 부채 50억 원(또는 순자산 150억 원), 지불한 현금 200억 원을 기록하면서, 그 차이 50억 원을 영업권으로 계상한 회계처리(분개)를 보여주고 있다. (회계처리 1)은 자산 200억 원, 부채 50억 원으로 기록한 경우이며, (회계처리 2)는 순자산 150억 원을 기록한 경우이다. 회계처리 1, 2 모두 영업권을 50억 원으로 인식한다.

〈영업권 기록 회계처리 1〉

(차변)	자산	200억 원	(대변) 부채	50억 원
	영업권	50억 원	현금	200억 원

〈영업권 기록 회계처리 2〉

(차변)	순자산	150억 원	(대변) 현금	200억 원
	영업권	50억 원		

〈산업재산권〉은 기업이 보유한 기술, 상표 등에 대해 일정기간 독점적 배타적으로 이용할 수 있는 권리가 부여된 무형자산이다. 산업재산권으로는 특허권, 실용신안권, 상표권 등이 있다. 산업재산권 등도 등록비용 등은 객관적으로 측정 가능하다. 그러나 산업재산권이 지식재산 거래시장 등에서 활발하게 거래되지 않을 경우에는, 산업재산권으로부터의 추가 현금 유입 예상액을 추정하여 자산으로 기록하기는 이

려움이 있다.

〈인적자원〉은 그 가치를 평가하기 쉽지 않고, 기업이 인적자원을 통제 소유하기가 쉽지 않다는 점에서, 무형자산으로 반영하기 어렵다. 그러나 연예기획사의 경우에는 연예인과의 전속계약 과정에서 계약금 지불 등의 가치평가 근거가 존재하고 연예기획사에서 연예인이 수익 창출에 미치는 영향도 크다. 따라서 연예기획사는 소속 연예인을 무형자산으로 반영한다. 프로 스포츠 구단의 경우에도 소속 선수들의 계약금액 등을 근거로 소속 선수들을 무형자산으로 기록한다.

〈브랜드〉는 소비자에게 영향을 미치면서 미래 효익을 창출한다는 점에서 무형자산 요건에 해당될 수도 있다. 그러나 브랜드에 대한 신뢰성 있는 가치 측정이 어렵기 때문에 브랜드도 무형자산으로 기록하는 경우가 흔하지 않다. 다만, 상표권 등은 상표등록수수료 등 측정 가능한 범위 내에서 무형자산으로 기록 가능하다. 또한 외국 브랜드 사용을 위해 사용료를 지불한 경우(예: 외국 유명 햄버거, 피자 등에 대해 브랜드 사용료를 지불한 경우)에는 지불한 브랜드 사용료를 무형자산으로 기록할 수 있다.

〈개발비〉는 신제품, 신기술 개발과정에서 발생한 비용을 자산화한 것으로, 개별적으로 식별 가능하고 경제적 효익을 가져다 줄 것으로 확실히 기대되는 경우에 자산으로 기록한다.

그 외 무형자산으로 〈광업권〉은 일정 광구에서 광물을 채굴하여 취득할 수 있는 권리이며, 〈어업권〉은 일정 수면에서 독점적 배타적으로 어업을 경영할 수 있는 권리이며, 〈차지권〉은 임차료 등을 지급하고 타인이 소유한 토지를 사용 수익할 수 있는 권리이다.

4-8. 유형자산 상각과 다른 무형자산 상각

무형자산도 수익 창출과정에 활용되므로, 무형자산의 가치 감소는 감가상각 과정을 통해 감가상각비로 기록한다.

다만 사용기간이 무제한인 경우에는 시간의 경과에 따라 무형자산의 가치 감소가 발생하지 않으므로, 가치 감소 즉 감가상각 반영이 필요하지 않다. 예를 들어, K-IFRS에서는 영업권의 경우, 시간의 경과에 따라 가치 감소가 발생하지 않는 비상각 무형자산으로도 인정하고 있다.

반면 사용기간이 법이나 계약으로 한정되어 있는 무형자산 등은 시간의 경과에 따라 무형자산 가치 감소가 발생하므로 감가상각을 반영해야 한다. 또한 계약이나 법에 따라 사용기간이 제한되어 있지 않더라도 신기술 발전 등으로 가치 감소가 예상되는 경우에도 감가상각을 반영한다.

산업재산권 등은 독점적 배타적 사용기간을 법으로 정하고 있다. 산업재산권 등은 법에서 지정한 사용기간 내에 감가상각을 반영한다. 프랜차이즈 계약 등에 의해 지불한 수수료(무형자산)도 프랜차이즈 계약기간이 경과하면 소멸되므로, 프랜차이즈 계약기간 내에 감가상각을 반영한다. 신기술에 의해 대체가 예상되는 무형자산(예: 소프트웨어 등)도 예상되는 기한 내에 감가상각을 반영한다.

무형자산의 감가상각은 정액법으로 매년 균등액을 상각한다. 무형자산상각은 잔존가액이 없는 것으로 가정하므로, 무형자산 가액 전체를 상각한다. 무형자산은 유형자산처럼 감가상각 충당금을 사용하지 않고, 상각과정을 통해 무형자산의 가치를 직접 감소시킨다. 무형자산 가치를 직접 상각하는 무형자산의 감가상각 관련 회계처리는 다음과 같다.

(차변) 무형자산상각비 XXX (대변) 무형자산 XXX

4-9. 개발비, 비용이 아니라 무형자산

연구개발비로 사용한 지출 가운데 비용으로 기록하지 않고, 무형자산 개발비로 기록할 수 있다. 개발비 무형자산으로 기록한 연구개발비는 바로 비용으로 반영되지 않고, 상각과정을 거쳐 수년에 걸쳐 비용으로 기록된다.

연구개발비 가운데, 제품 설계, 모형 및 금형 제작, 검사 등 제품 개발 단계에서 투입한 연구개발 비용은 무형자산–개발비로 자산화가 가능하다. 다만, 무형자산 개발비로 인정받기 위해서는 연구개발비가 투입된 제품이 시장성 있게 판매되어 회사 수익 창출과 연계되어야 한다.

연구개발 과정을 거쳐 새로이 출시한 제품이 여러 해 동안 판매되어 회사 수익에 기여되었다면, 수익비용 대응의 원칙에 의거 제품이 판매되는 기간에 대응하여 개발비 상각비용을 비용으로 인식하는 것이 합리적이라는 견해에 따른 것이다.

한편 제품개발 초기 연구 단계에 투입된 비용은 제품과 연계성을 찾기가 어려우므로, 비용으로 회계처리한다.

예를 들어, 연구개발 초기에 600억 원의 경상적인 연구개발비가 발생하고, 이후 제품의 개발과 검사에 400억이 발생하였다. 600억 원은 비용으로 처리하나, 400억 원은 무형자산 개발비로 자산화 이후에 상각을 통해 비용으로 처리할 수 있다. 비용으로 처리하는 경상개발비(600억 원)는 판매관리비 또는 제조원가로 처리한다.

무형자산으로 개발비를 반영할 경우, 상각을 통해 비용으로 처리하므로 비용을 이연화할 수 있는 장점이 있다. 그러나 경쟁기술 개발 등으로 동 기술의 수익성 저하에 따른 손상으로 전환될 경우에는 자산으로 반영한 개발비 전액이 비용으로 처리된다. 높은 연구개발비를 개발비 자산으로 처리했으나, 경쟁 제품 및 기술의 등장으로 수익성이 하락하여 자산으로 기록한 개발비를 전액 손상 처리하는 경우가 빈번하게 발생한다.

미국 등은 연구개발비의 자산화를 허용하지 않고 있다. 따라서 우리나라에서 지나친 개발비의 자산화 이후 손상처리 사례 등의 발생은 외국 투자자들에게 해당 기업의 회계 신뢰도뿐 아니라, 우리나라 회계의 신뢰성에도 부정적 영향을 미칠 수 있다.

동종 업종대비 개발비로의 자산화 비중이 지나치게 높은 기업은 갑작스러운 개발비 손상 회계처리가 발생할 개연성도 배제할 수 없다.

4-10. 장기에 걸친 투자, 투자자산

투자는 投(던질 투) 資(재물 자)로 이루어진 한자어로, 투자자산은 돈을 던져 얻게 된 자산이란 의미를 가진다. 투자자산은 수익을 기대하고 보유하는 자산이다. 투자자산은 예금, 주식, 채권, 부동산 등으로 구성되며, 결산일로부터 1년 이상 장기에 걸쳐 보유하는 자산이 비유동자산-투자자산이다. 투자자산의 예로는 장기금융상품, 장기투자증권, 장기대여금, 투자부동산 등이 있다.

장기금융상품은 유동자산에 속하지 않는 금융상품이다. 장기금융상품이 사용이 제한될 경우, 이는 주석에 기재할 필요가 있다.

장기투자자증권은 결산일 기준 1년이 지나 만기가 도래하거나 단기 내 처분 목적이 없는 매도가능증권, 결산일 기준 1년이 지나 만기가 도래하는 만기보유증권 등이다. 매도가능증권, 만기보유증권의 평가손익 등에 대한 회계처리는 유동자산에 해당하는 매도가능증권, 만기보유증권과 동일하다.

장기대여금은 유동자산에 속하지 않는 장기성 대여금이 해당된다. 투자부동산은 투자 목적 또는 비영업용으로 소유하는 토지, 건물 등이다. 일반적으로 투자부동산에 대한 내용은 주석으로 기재하고 있다.

4-11. 기타 비유동자산

유형자산, 무형자산, 투자자산에 속하지 않는 비유동자산은 기타 비유동자산에 해당된다. 기타 비유동자산으로는 장기성 매출채권, 보증금, 이연법인세 자산 등이 해당된다.

〈장기성매출채권〉은 매출채권 가운데 결산일 기준 1년이 경과하여 회수될 것으로 예상되는 매출채권이다. 유동자산에 속하지 않는 매출채권이 장기성매출채권이다. 장기성매출채권은 외상매출, 받을어음 등이 있다.

〈보증금〉은 전세권, 임차보증금 등이 해당된다. 장기에 걸쳐 전세 및 임차계약을 체결하여, 전세 및 임차보증금이 결산일 기준 1년이 경과하여 회수될 것으로 예상되는 경우에는 기타 비유동자산으로 분류한다.

〈이연법인세자산〉은 이연법인세자산 가운데 회계이익과 과세소득 차이로 발생하는 이연법인세 자산이 결산일로부터 1년이 경과하여 소멸되는 부분은 기타 비유동자산으로 분류한다. 회계이익과 과세소득 간의 세무조정사항 가운데 차감할 일시적 차이, 이월결손금에 대한 법인세 효과, 이월세액공제액 등으로 결산일로부터 1년이 경과하여 소멸되는 부분이 해당된다.

5. 부채, 야누스의 두 얼굴(좋은 부채, 나쁜 부채)

"기업 등이 부담해야 하는 부채가 지나치게 많으면 기업 등의 위험이 증가한다. 그러나 기업 등은 부채 레버리지(지렛대 효과)를 이용해 투자수익률을 높일 수 있다. 부채 부담 이자 등을 초과하는 수익이 보장되는 경우, 부채를 이용해 투자수익률을 높일 수 있다."

5-1. 부채는 기업 부담이면서, 기업의 힘을 키우는 지렛대

부채는 기업이 부담하는 채무(Liabilities)이다. 자산의 관점에서 부채는 자산 가운데 타인으로부터 빌려서 취득한 부분이다. 즉 자산 가운데 돈을 빌려준 타인(채권자)이 소유권을 주장할 수 있는 부분이 부채이다.

부채는 미래에 현금으로 상환하거나, 해당하는 재화 및 용역을 제공해야 할 경제적 의무이다. 부채는 과거의 거래나 사건의 결과로 발생한 의무로 미래에 자원의 유출 또는 사용(미래 현금지출)이 예상된다.

기업 등이 부담해야 하는 부채가 지나치게 많으면 기업 등의 위험이 증가한다. 그러나 기업 등은 부채 레버리지(지렛대 효과)를 이용해 투자수익률을 높일 수 있다. 부채 부담 이자 등을 초과하는 수익이 보장되는 경우, 부채를 이용해 투자수익률을 높일 수 있다.

신규 사업을 시작하기 위해, 필요한 자금을 은행에서 대출(부채 발생)로 조달하는 것이 유리한가? 아니면, 친구 등과의 동업을 통해 자금을 조달(투자자 모집) 하는 것이 유리한가?

신규 사업을 통해 많은 돈을 벌었다고 가정하자. 동업 등으로 투자자 모집을 통해 자본을 조달한 경우에는 많이 벌어들인 돈을 지분 비율대로 배분을 해야 할 것이다. 그러나 은행에서 대출을 받은 경우에는 원금과 이자만 상환하고 나머지 이익은 모두 창업한 자신이 가지게 될 것이다.

그러나 신규 사업이 만약 실패한다면? 동업한 친구 투자자에게는 배분해야 할 이익도 없고, 갚아야 할 원금이나 이자도 없다. 그러나 은행에서 대출을 받은 경우에는, 사업이 실패하더라도 확정한 부채(은행 대출) 원금과 해당 이자 상환 부담은 남게 된다.

신규 창업을 위해 부채(은행 대출)로 자금을 조달하였다면, '부채 조달 이후 이자보다 더 많은 돈을 벌었는가 아닌가?'로 상황이 달라질 것이다.

부채는 고정되어 있다. 고정판 위에서 지렛대만 위아래로 움직이는 것과 같다. 따라서 부채의 이러한 효과를 재무레버리지 효과라고 한다. 부채는 적정한 조달로 이자보다 많은 수익을 창출하면, 부채로 조달한 자금을 이용해 큰 이익으로 바꿀 수 있다. 그러나 반대로 부채로 조달한 이자를 상회하는 수익을 창출하지 못한다면, 부채로 조달한 원금과 이자는 큰 부담으로 남게 된다.

5-2. 상환기한이 도래하는 유동부채

부채는 결산일을 기준으로 1년 이내 상환기한이 도래하는 부채를 유동부채로 구분한다(결산일로부터 1년이 지나 상환기한이 도래하는 부채는 비유동부채에 해당된다).

유동부채는 영업활동에 필요한 운전자금(또는 운전자본)이 일시적으로 부족한 경우에 단기간에 상환할 것을 약속하고 자금을 조달하는 경우에 많이 발생한다. 유동부채는 단기 상환 부담을 고려하여 유동부채에 대응하는 유동자산 확보가 기업의 재무적 안전성 관점에서 필요하다. 유동성 비율은 유동부채대비 유동자산 비율이다. 유동성 비율은 기업의 단기부채 상환능력(재무적 안전성)을 평가하기 위한 지표로, 유동부채 상환 위험에 대응한 유동자산의 확보 등에 대한 정보를 제공한다.

유동부채는 매입채무, 단기차입금, 미지급금, 선수금, 예수금, 미지급비용, 미지급법인세, 유동성장기부채, 선수수익, 단기부채성충당부채, 이연법인세부채 등이 해당된다.

〈매입채무〉는 일반 상거래에서의 외상매입금액, 지급어음 등이다.

〈단기차입금〉은 금융기관으로부터 수시 대출이 가능한 당좌차월(일명 마이너스 통장), 결산일로부터 1년 이내 상환할 차입금이다.

〈미지급금〉은 일반 상거래(주된 영업활동) 이외의 거래 채무이다.

〈선수금〉은 수주공사 등에서 현금을 먼저 수취한 선수액이다.

〈미지급비용〉은 비용이 발생하였음에도 불구하고, 결산일 현재 지급되지 않은 비용이다.

〈미지급법인세〉는 납부할 법인세로 결산일 현재 미지급 법인세이다.

〈유동성장기부채〉는 결산일 현재 1년 이내 상환할 부채로, 비유동부채에서 유동부채로 전환되는 부채이다.

〈선수수익〉은 서비스 등을 제공하기 이전에 현금을 먼저 수취한 선수액이다. 차후 서비스 제공에 따라 부채에서 수익으로 전환 예정이다.

〈이연법인세부채〉 회계이익과 과세소득 차이로 법인세비용이 미지급 법인세를 초과하는 경우의 부채이다. 법인세비용 보다 작은 법인세를 실제 납부(미지급법인세 납부)하므로, 향후 납부할 법인세가 증가할 것으로 예상되는 부채이다. 이연법인세부채가 1년 이내에 소멸될 경우에는 유동부채이다.

〈예수금〉은 주된 영업활동(일반적 상거래) 이외의 거래에서 일시적으로 임시 보관하는 금액이다. 예를 들어, 건물, 시설장비 등을 대여해 주면서 보증금 형식으로 맡은 현금 등이다.

〈단기부채성충당부채〉 충당부채 가운데 1년 이내 사용이 확정되는 금액이다. 충당부채는 지출시기나 금액은 불확실하지만 자원이 유출될 가능성이 높은 금액이다. 예를 들어, 대손충당금은 매출채권 등의 대손 가능성을 추정해서 적립한 충당금이다. 이러한 대손충당금의 대손 확정 여부가 1년 이내 확정될 경우에는 유동부채에 해당하는 단기부채성 충당부채이다.

5-3. 상환 기한 여유가 있는 비유동부채

비유동부채는 결산일로부터 1년이 지나 상환기한이 도래하는 부채이다.

비유동부채는 회사 설비투자, 공장 건물 신축 등의 경우에 부족자금을 장기간에 걸쳐 분할 상환하기로 약정하고 자금을 조달하는 경우에 주로 발생한다.

주요 비유동부채로는 장기차입금, 장기부채성충당부채, 사채, 이연법인세부채 등이 있다.

〈장기차입금〉은 결산일로부터 1년이 경과하여 상환이 예정된 차입금이다. 장기 차입금에 대한 세부 내용은 주석으로 기재한다.

〈장기부채성충당부채〉는 결산일로부터 1년이 경과하여 사용되는 충당부채이다. 사용 목적에 따라 퇴직급여충당부채, 보증수리 충당부채 등으로 표시한다. 퇴직급여 충당부채는 직원들의 퇴직금 지급을 위해 설정하는 충당부채이다. 보증수리 충당부채는 제품의 보증기간 이내에 발생할 수 있는 수리비 예상액을 위해 설정한 충당부채이다.

〈사채〉 사채는 일반적으로 3년 이상의 장기로 발행한다. 따라서 사채는 결산일로부터 1년이 경과하여 상환하는 경우가 대부분으로 비유동부채에 해당된다.

〈이연법인세부채〉는 법인세비용과 미지급법인세 차이로 미래에 납부할 법인세가 추가될 것으로 예상되는 부채이다. 법인세비용과 미지급법인세 차이가 1년이 경과하여 소멸하는 경우, 이연법인세부채는 비유동부채에 해당된다.

5-4. 선수금, 선수수익은 착한 부채?

선수금, 선수수익은 재화(제품, 상품) 납품, 용역(서비스) 제공 등을 약속하고 미리 대금을 받아 발생하는 부채이다. 회계는 재화 납품, 용역 제공 등이 이루어져야 수익을 실현한다. 수익이 실현되기 이전에 미리 받은 대금은 부채에 해당된다. 재화의 납품 이전에 미리 받은 대금은 선수금 부채, 서비스의 제공 이전에 미리 받은 대금은 선수수익 부채로 기록한다.

선수금, 선수수익은 미래에 상환해야 할 현금성 부채가 존재하는 것은 아니다. 수익이 발생하기 이전에 대금을 미리 받아 미래에 재화를 납품하거나, 서비스를 제공해야 하는 의무가 부채로 기록된 것이다.

선수금, 선수수익으로의 부채 기록은 동시에 현금 자산의 증가 기록이 이루어진다. 선수금, 선수수익이 증가한다는 것은, 회계상으로는 부채가 증가하지만, 동시에 기업의 현금 유동성이 좋아졌다는 의미도 가진다.

선수금은 건설업, 조선업 등 장기에 걸쳐 진행되는 수주 산업의 경우 공사 초기에 대금을 미리 많이 받아 선수금 부채로 기록한다. 향후 공사 진행에 따라 선수금 부채는 매출 수익으로 인식한다. 선수금 계정을 통해 미래 매출로 전환될 수익의 추정이 가능하다.

선수수익은 이연수익(수익인식을 이연)이다. 기업 등이 미래 일정기간 용역을 지속적으로 제공하기로 약속을 하고, 미래에 용역을 제공하는 시점에 수익으로 인식한다. 선수수익은 미래에 금전 지급이 아닌 용역 제공 등으로 변제되는 부채이다.

예를 들어, 헬스클럽 이용료, 학원 교육비 등을 헬스클럽, 학원 등에서 고객들로부터 미리 대금을 받은 경우, 헬스클럽, 학원 등은 미래 받은 대금을 현금 자산 취득과 함께, 선수수익이라는 부채로 기록한다. 헬스클럽, 학원 등은 헬스클럽 이용 기간, 학원 수강기간 중 관련 서비스를 제공해야 하는 의무 즉, 부채를 가지게 된다. 미래 헬스클럽 회원 이용기간, 학원 수강 기간 등에 관련 서비스가 제공되는 시점에 선수수익 부채는 수익으로 전환한다.

선수금, 선수수익은 미래 서비스 제공 시점에 부채에서 매출로 전환되며, 궁극적으로는 이익 증대에 기여한다. 선수금, 선수수익의 증가는 현재는 부채이지만, 미래 수익, 이익 증가를 알려주는 긍정적 신호이다.

선수금, 선수수익은 현재에는 수익이 아니지만, 미래 수익을 알려주는 선행지표이다. 선수금, 선수수익 수취한 현금은 기업의 현금흐름, 유동성 개선에 기여하며, 미래에는 기업의 수익, 이익 증가를 의미하는 선행지표이다. 선수금, 선수수익 비중이 높은 기업들에서 선수금, 선수수익의 증가는 미래 수익, 이익 증가를 알려주는 Good News로 해석할 수 있다.

5-5. 다양한 부채의 구분

부채를 결산일 기준 부채의 상환기한 1년 경과 여부에 따라 유동부채, 비유동부채로 구분하였다.

부채는 부채의 상환방식에 따라 금융부채와 비금융부채로도 구분할 수 있다. 금융부채는 현금결제 상환 부채로, 매입채무, 미지급금, 차입금, 사채 등이 해당된다. 비금융부채는 재화의 판매, 서비스의 제공 등으로 상환되는 부채로 선수금, 선수수익 등이 해당된다.

부채의 존재 확실성, 지급금액 및 시기 확실성에 따라 확정부채, 충당부채로 구분할 수 있다. 확정부채는 부채 존재가 확실하며, 지급금액도 확실한 부채이다. 매입채무, 미지급금, 차입금, 사채, 예수금 등이 해당된다. 충당부채는 부채 존재가 불확실하며, 지출 시기와 금액 등도 불확실한 부채이다. 제품보증충당부채, 하자보수충당부채, 복구충당부채 등이 해당된다.

매입채무, 미지급금은 재고자산 매입 여부 등 영업활동 관련성 여부에 따라 차이가 있다. 매입채무, 미지급금은 외상으로 재화 등을 매수한 점에서는 차이가 없다. 매입채무는 상품, 원재료 등 재고자산 관련 외상 매입을 기록하는 계정이다. 매입채무는 영업활동 관련 주기적으로 발생한다. 미지급금은 토지, 건물, 비품 등 영업활동 관련성이 낮은 재화 등을 외상으로 매입하는 경우에 기록하는 계정이다. 미지급금은 주기적으로 빈번히 발생하지 않는 거래이다. 매입채무, 미지급의 적정 관리는 모두 기업 현금흐름 개선에 기여한다. 매입채무, 미지급 잔액의 적정 유지는 기업 현금흐름 유출의 적절한 통제를 의미한다.

5-6. 충당부채, 충당금 그리고 우발부채

상환시기, 금액 등이 확정된 부채 이외에 추가 인식을 통해 부채로 기록되는 부채로 충당부채, 우발부채가 있다.

상환시기, 금액 등의 미확정에도 불구하고, ① 과거 사건이나 거래의 결과로 현재의 의무가 존재, ② 의무를 이행하기 위해 자원의 유출가능성이 매우 높음, ③ 의무의 이행에 소요되는 금액을 신뢰성 있게 추정할 수 있는 요건이 충족된 경우에는 충당부채에 포함된다. 한편 ③의 추정이 어려운 경우에는 주석 공시로 갈음할 수도 있다.

충당부채로는 판매보증충당부채(예: 자동차 회사의 무상수리 보증 등에 대한 판매보증충당부채), 하자보수충당부채(예: 아파트 하자보수 대비), 소송배상충당부채(예: 소송 중인 사건에 대비), 포인트충당부채(예: 과거 경험에 비추어 매출대비 일정비율) 등이 있다.

충당부채는 지출시기, 금액 등이 불확실한 부채이다. 충당부채는 과거 경험에 의거 손실금액으로 예측되지만, 시기, 금액 등이 불확실한 경우에 기록된다. 충당부채는 재무상태표의 부채에 기록 보고된다.

충당금은 자산의 가치감소분을 평가하여 자산의 차감계정으로 기록한다. 부채의 성격이지만 재무상태표의 부채에 기록 보고되지 않고, 자산의 평가 차감을 인식 보고하기 위해 해당 자산 아래에 보고된다. 대손충당금, 감가상각충당금, 재고자산평가손실충당금 등이 충당금에 해당된다.

우발부채는 가능성이 낮지만 갑자기 발생할 수 있는 부채이다. 예를 들어, 진행 중인 소송에서 손해배상 금액 미확정 상태이며, 승소 패소 여부도 불확실한 경우에는 주석을 통해 우발부채로 공시한다.

6. 주주의 몫, 자본

"자본은 발생원천에 따라 자본금, 자본잉여금, 이익잉여금(음의 값인 경우에는 결손금), 기타자본구성요소로 구분한다. 자본금은 소유주(출자자)에 의해 납입된 금액 중 액면금액이다. 자본잉여금은 주주와의 자본거래(증자, 감자 등)를 통해 회사의 순자산이 증가한 결과이다. 이익잉여금은 씨앗에 해당하는 납입자본을 바탕으로 재배한 결과물이다. 기타자본구성요소는 자본조정, 기타포괄손익누계액 등이 해당된다."

6-1. 자본에는 어떠한 것들이 있나?

자본은 발생원천에 따라 자본금, 자본잉여금, 이익잉여금(음의 값인 경우에는 결손금), 기타자본구성요소로 구분한다.

자본금은 소유주(출자자)에 의해 납입된 금액 중 액면금액이다. 액면금액은 액면가에 발행주식수를 곱한 금액이다. 예를 들어 회사가 발행한 주식수가 100만 주이고, 주당 액면가가 5천 원이라면, 자본금은 50억 원이다.

이익잉여금은 씨앗에 해당하는 납입자본을 바탕으로 재배한 결과물이다. 이익잉여금은 영업활동을 통해 회사의 순자산이 증가한 것을 반영한 결과이다. 이익잉여금은 손익계산서의 이익 가운데 배당으로 주주에게 지급된 것을 제외하고 회사 내부에 유보되어 누적된 금액이다(배당을 제외한 당기순이익이 미처분이익잉여금으로 기록됨).[21] 이익잉여금은 이익준

21) 이익잉여금을 재원으로 배당을 한다. 배당은 이익잉여금의 처분으로 기업의 이익을 주주에게 돌려주는 것이다. 따라서 이익적립의 결과인 이익잉여금을 재원으로

비금, 기타법정적립금, 임의적립금, 미처분이익잉여금으로 세분된다.

자본잉여금은 주주와의 자본거래(증자, 감자 등)를 통해 회사의 순자산이 증가한 결과이다. 자본잉여금은 주식발행초과금, 감자차익, 자기주식처분이익 등이 포함된다.

기타자본구성요소는 자본조정, 기타포괄손익누계액 등이 해당된다.

6-2. 자본은 자본금을 포함?

자본금은 자본에 포함되는 종류이다. 자본금은 주주가 납입한 자본 가운데 주식의 액면금액에 해당되는 자본금액이다. 회사가 발행한 주식 수에 주식의 액면가액을 곱한 금액이 자본금이다. 예를 들어 회사가 발행한 주식수가 100만 주이고, 주당 액면가가 5천 원이라면, 자본금은 50억 원이다.

자본은 자본금을 포괄하므로, 자본이 자본금보다 큰(자본 > 자본금) 경우가 일반적이다. 회사가 주식을 발행하는 경우 액면가액보다 높은 금액으로 주식을 발행하는 것이 일반적이다. 액면가액을 초과하는 주가와 주식 수를 곱한 금액이 주식발행초과금으로 자본잉여금에 해당된다. 또한 회사 창업이후 회사가 존속하는 경우, 순이익 발생과 누적이 일반적이다. 회사 창업이후 순이익이 누적 적립되었다면, 이익잉여금으로 자본에 포함되어 있다. 이러한 자본잉여금, 이익잉여금을 감안할 경

하는 것이다. 이익잉여금을 재원으로 배당을 하고 납입자본을 배당의 재원으로 사용하지 않는다. 이는 기업의 씨앗 즉, 납입자본을 충실히 유지하기 위한 것이다.

우, 자본이 자본금보다 큰 것이 일반적이다.

그러나 자산에서 부채를 차감한 자기자본(순자산)이 자본금보다 적을 수도 있다. 누적된 손실로 이익잉여금이 결손 상태로 변화되는 등 자기자본을 차감시키는 여러 요인 등이 존재하는 경우에는, 자기자본이 자본금보다 작게 될(자기자본 〈 자본금) 수 있다. 이러한 상태를 자본잠식 상태라고 한다. 예를 들어 자산 4,500억 원, 부채 4,000억 원, 자본금 1,000억 원이라면, 결손 등으로 인해 자본이 500억 원 잠식된 상태이다.[22)]

6-3. 이익잉여금은 회사의 역사이며, 적립과 배당의 원천

이익잉여금은 회사의 창립이후 역사가 누적되어 반영된 결과이다. 회사 창립 이후 발생한 당기순이익이 회사에 누적된 결과가 반영된 금액이 이익잉여금이다. 회사가 배당으로 이익을 외부로 유출되지 않는다면, 회사가 창출한 이익만큼 이익잉여금(자기자본)이 증가한다.

이익잉여금은 회사의 당기순이익을 모아둔 지갑이라고 부를 수 있다(당기순손실이 발생하면 이익잉여금 지갑에서 자금이 유출됨). 상법에서는 이익잉

22) 자본금을 완전히 잠식하여 자산총액이 4,000억 원으로 줄어들어, 자산총액이 부채 총액과 동일하게 되면, 자기자본은 '0'이 된다. 이를 완전자본잠식 상태라고 한다. 완전자본잠식은 회사 재산에 대해 주주의 지분이 하나도 없는 상태이다. 완전자본잠식에서 자본잠식이 더 진행하게 되면, 부채가 자산을 초과하는 상황이 발생한다. 자기자본(순자산)이 음의 값을 가진다. 자본잠식상태를 벗어나기 위해 주주 추가 출자 등으로 자본보충이 어렵게 되면, 회사는 청산절차를 밟게 된다. 증권시장에서는 자본금의 50%가 잠식되면 관리종목으로 지정하고 자본금이 완전 잠식하게 되면 상장폐지절차를 밟게 된다.

여금을 한도로 배당을 할 수 있다고 규정하고 있다. 이익잉여금은 배당으로 주주에게 돌려주지 않고 회사에 남겨 놓은 주주의 몫이다.

이익잉여금은 이익준비금, 기타법정적립금, 임의적립금, 미처분이익잉여금으로 세분된다.

이익준비금은 상법에 의거 의무적으로 적립하는 법정적립금이다. 상법에서는 매년 현금 배당액의 10% 이상을 이익준비금으로 적립하도록 하고 있다.

임의적립금은 회사의 내부유보 정책 등에 따라 임의로 적립한 적립금이다. 예를 들어, 신축적립금, 사업확장적립금, 신규사업적립금, 노후시설교체적립금 등이 있다. 회사 필요에 따라 다양한 목적의 적립금 재원으로 이익잉여금을 활용할 수 있다.

미처분이익잉여금은 이익준비금, 임의적립금 등으로 적립되지 않은 상태에서 향후 배당이나 또는 다른 적립의 대상으로 활용할 수 있는 이익잉여금이다. 실제 배당 재원은 이익잉여금 가운데에서도 미처분이익잉여금을 한도로 한다.

6-4. 자본거래의 잉여금, 자본잉여금

자본잉여금은 기업의 자기자본이 증가한 결과라는 점에서 이익잉여금과 동일하다. 그러나 자기자본이 증가한 원인이 주주의 자본거래(증자, 감자 등)에서 비롯되었다는 점에서, 이익잉여금과 차이가 있다(이익잉여금은 기업의 영업활동 결과로 자기자본이 증가한 결과).

자본잉여금, 이익잉여금을 구분하는 것은 상법에서 자본이용의 용도를 제한하기 때문이다. 이익잉여금은 주주의 배당재원으로 사용 가능하다. 그러나 자본잉여금은 주주의 배당재원으로 사용이 불가능하다. 자본잉여금은 기업의 결손금 보전, 자본으로의 전입 용도로만 사용 가능하다.[23)]

결손금 보전은 당기손실 등으로 발생한 결손을 상계처리하는 과정이다. 결손은 이익잉여금, 자본잉여금, 자본금의 순으로 결손금을 보전한다. 따라서 자본잉여금은 이익잉여금으로도 결손금 보전이 충분하지 않을 경우에 활용된다. 결손금 보전은 기업 재무건전성을 유지하고, 장기적 기업가치 보호를 위해 필요하다. 충분한 자본잉여금을 활용한 적절한 결손금 처리는 기업의 외부 이해관계자 등에게 기업의 투명성과 신뢰성을 제고하는데 중요한 버팀목이 된다.

자본으로의 전입(자본전입)은 잉여금의 자본금으로 전입을 의미한다. 자본전입은 자본잉여금, 이익잉여금을 재원으로 신주를 발행하고 자본금을 늘린다. 자본전입 만큼 잉여금이 감소하고 자본금이 증가한다.

자본잉여금은 주식발행초과금, 감자차익 등이 해당된다.

주식발행초과금은 주주의 납입자본 가운데 주식의 액면금액을 초과한 부분이다. 예를 들어 주당 액면가 5천 원인 주식을 1만 원에 발행한

---

23) 주주 입장에서는 주가의 상승도 배당과 유사한 혜택을 준다. 자본잉여금이 결손에 보전되고, 추가 자본전입에 활용된다면 주가 상승의 결과를 초래할 가능성이 크다. 따라서 자본잉여금이 배당의 재원으로 사용은 불가능하지만, 궁극적으로 주주에게 혜택을 준다는 관점에서는 이익잉여금과 큰 차이가 없다고 평가할 수도 있다.

경우를 생각해 보자. 이 경우 주식수가 100만 주라면, 액면가(5천 원)와 주식수(100만 주)의 곱은 자본금으로 50억 원이 기록되며, 발행가(1만 원)과 액면가(5천 원)의 차이와 주식수(100만 주)의 곱은 주식발행초과금으로 50억 원이 기록된다.

주식발행초과금은 자본금과 함께 납입자본에 해당된다. 주주가 납입한 납입자본 가운데 액면금액을 초과한 부분이 주식발행초과금이다. 따라서 주식발행초과금은 자본잉여금이면서 주주가 납입한 납입자본이다. 주주가 납입한 납입자본으로는 주식발행초과금, 자본금이 있다. 주식발행초과금, 자본금은 기업의 씨앗에 해당하는 납입자본이다.

감자차익은 자본금의 감소액(액면금액)에서 감자대금을 차감한 차익이다. 감자는 기업이 자본금을 감소시키는 과정으로 자본거래에 해당된다. 기업 자본금을 감소시키는 감자 과정에서, 감자한 자본금액보다 작은 금액을 주주에게 대가로 지급한 경우(감자한 자본금 〈 주주에게 지급한 금액)에 기업이 취하는 차익이다. 기업의 손익거래가 아닌 주주와의 자본거래에서 발생한 이익이므로 자본잉여금으로 기록한 것이다.

6-5. 자본을 증가하는 증자

기업의 자본금을 늘리는 자본거래를 증자라고 한다. 증자의 결과 기업의 주식 수가 증가한다. 기업이 필요한 자금조달을 위해 새로이 주식을 발행하고 회사 규모를 확대해 나가려 하는 경우에 증자를 실시한다.

증자는 유상증자, 무상증자로 구분한다. 유상증자는 증자과정에서 증자 대가로 주식발행 대금을 받는다. 무상증자는 증자 과정에서 증가 대가로 대금을 받지 않고 무상으로 신주를 교부한다.

유상증자는 발행가액만큼 기업의 자산과 자본이 증가한다. 자본 가운데 자본금은 액면금액만큼 증가하며, 자본잉여금의 주식발생초과금은 액면초과액만큼 증가한다.

무상증자는 증자 과정에서 대가를 받지 않기 때문에, 무상증자를 위한 재원이 있어야 한다. 무상증자를 통해 자본금으로 전입할 수 있는 자본잉여금, 이이잉여금 등이 있어야 한다. 무상증자는 자본잉여금, 이익잉여금을 재원으로 주식을 기존 주주에게 무상으로 나누어 주는 것이다. 따라서 무상증자를 실시하면, 자본금이 증가하는 만큼 그 재원으로 사용한 잉여금이 감소한다. 무상증자는 회사에 실제로 유입되는 자금이 없으며, 자본잉여금, 이익잉여금 등이 자본금으로 대체되는 것이다. 무상증자 실시로 회사의 자기자본(순자산)의 총액은 변화가 없으며, 발행주식수 증가로 주당이익(당기순이익을 주식수로 나눈 값)이 감소하는 효과가 발생한다.

6-6. 자본을 감소하는 감자

기업의 자본금을 감소시키는 자본거래를 감자라고 한다. 감자의 결과 기업의 주식 수는 감소한다. 감자는 이미 발행했던 주식을 소각시키므로, 회사규모를 감축하는 효과가 있다. 감자는 회사 규모 축소이므로, 회사 재무상태가 좋지 않은 경우에 발생할 가능성이 크다. 한편 기업의 유휴 자본금이 많다고 판단되는 경우에 유휴자본 축소를 위해서도 감자를 실시할 수 있다.

감자도 유상감자, 무상감자로 구분한다. 유상감자는 감자과정에서 감자를 위해 주주로부터 회수하는 주식의 대가를 주주에게 지급하는 감자이다. 무상감자는 감자를 위해 주주로부터 주식을 회수함에도 불구하고 주식의 대가를 주주에게 지급하지 않는 감자이다.

유상감자는 마땅한 투자처를 찾지 못해 자본금의 축소가 필요하다고 생각되는 경우 또는 기업규모 감축 등을 위해 실시한다. 유상감자는 기업의 자본금을 주주에게 되돌려줄 목적으로 실시한다. 유상감자로 주주에게 돌려주는 주식대금이 주식의 액면가액보다 많으면, 기업은 감자로 손실이 발생한다. 이를 감자차손이라고 한다. 반대로 감자를 위해 회수한 주식의 액면금액보다 적은 금액을 주주에게 돌려주면 감자로 기업은 이익을 취하게 된다. 이를 감자차익이라고 한다.

유상감자는 주주에게 돌려준 금액이 액면가액보다 작은 경우에 그 차이가 감자차익이다. 무상감자는 주주에게 돌려주는 금액이 없으므로, 감소한 주식의 액면가액 전액이 감자차익이다. 예를 들어 10대 1의 비율로 무상감자를 실시하면, 보유주식 액면가의 90%가 감자차익이다. 감자차익은 주주와의 자본거래를 통해 발생한 차익이다. 따라서 감자차익으로 발생한 잉여금은 자본잉여금으로 분류한다.

감자는 주주에게 손실을 끼치므로 실시에 엄격한 요건을 요구한다. 감자를 위해서는 주주총회의 특별결의가 요구된다. 주주총회의 특별결의는 주주총회 출석 주주 의결권의 3분의2, 발행주식 총수의 3분의1 이상의 요건을 필요로 한다.

감자차익은 자본잉여금으로 분류되므로, 회사의 결손에 보전하거나 추후 자본 전입의 용도로 사용된다. 감자차익의 결손보전은 다른 자본잉여금의 결손보전과 마찬가지로, 이월결손금 감소를 위해 감자차익(자본잉여금)이 감소한다. 감자차익의 결손보전은 감자차익(자본잉여금)을 희생시켜 이익잉여금을 회복시키는 과정이다.

6-7. 자기주식-발행한 주식을 재매입한 (자기)주식

자기주식은 기업이 자기 재산으로 기업이 발행한 기업의 주식을 취득해 보유하는 (자기)주식이다. 예를 들어 A회사가 100만 주의 A회사 주식을 발행한 다음, 이중 10만 주를 A회사가 다시 매입하여 보유하는 경우, A회사가 매입한 주식을 자기주식이라고 한다.

기업이 발행한 기업의 주식을 다시 사들이는 것은 당초에 기업이 주식을 발행하지 않는 것과 동일한 효과를 가진다.[24] 기업이 보유한 자기주식은 기업의 자산이나 자본도 아니다. 자기주식은 이미 발행한 주

24) 상법(일반법)에서는 자기주식을 매입을 금지하고 있다. 주주들이 출자해서 발행한 주식을 기업이 다시 매수하는 것은 자본충실의 원칙을 훼손하고, 주식 매매 과정에서 주가의 왜곡 가능성이 있기 때문이다. 그러나 자본시장과금융투자에 관한 법률(특별법)에서는 주가안정, 경영권 방어 목적으로 자기주식 매입을 허용하고 있다. 특별법이 일반법에 우선하는 논리에 의거 기업의 자기주식 보유가 법적으로 허용되고 있다.

식의 감소 효과가 있으므로, 자기자본을 차감 반영하기 위한 자본조정 항목이다.[25] 기업이 취득한 자기주식은 의결권이 없고, 자기주식 앞으로는 배당금도 지급되지 않는다. 기업이 자기주식을 취득한 경위와 향후 처리계획 등은 주석으로 기재된다.

기업은 매입한 자기주식을 다시 처분할 수 있다. 자기주식 처분 과정에서 이익이나 손실이 발생할 수 있다. 자기주식처분이익은 자기주식의 처분가액이 취득원가(장부가액)를 초과한 경우에 발생하는 이익이다. 자기주식처분손실은 자기주식의 처분가액이 취득원가(장부가액)를 하회한 경우에 발생하는 손실이다. 자기주식 처분은, 자기주식 매입으로 감소한 기업의 주식이 시장에 재발행된 효과를 발생시킨다. 따라서 자기주식처분이익은 자본잉여금으로 기록하고, 자기주식처분손실은 자본의 차감 항목으로 자본조정으로 기록한다.

기업의 자기주식 매수는 기업의 주가 제고 등에 효과적이다. 상장된 기업들이 상장된 기업의 자기주식을 매수하면, 시장에서 거래되는 기업의 유통주식 수를 감소시키는 효과를 발행시킨다. 시장에서 유통되는 주식 수의 감소는 주가의 제고 및 안정화에 도움이 된다.

그러나 기업이 자기주식 매입 이후, 자기주식을 시장에 다시 처분하면 자기주식이 재발행되어 자기주식 매입에 따른 유통주식 수 감소 효과가 사라진다. 따라서 자기주식 매입이후 처분은 주가 안정화 및 제고에 장기적이고 실질적 효과를 가지지 못한다는 비판이 있다. 기업

25) 자기주식을 자본조정으로 기록하지 않고, 기타불입자본, 기타자본항목으로 기록한 경우가 있다. 이러한 경우에는 주석을 살펴야 한다.

의 자기주식 매수이후 소각을 해서 유통주식 수를 영구적으로 감소시켜야, 주가 제고의 효과가 더 클 수 있다. 일부 대기업 등에서는 주가 제고를 위해 소각 목적의 자기주식 매입을 적극 시행하고 있는 것을 볼 수 있다.

한편 자기주식 매수는 주가 제고 이외에 다양한 목적으로 활용될 수 있다. 기업의 적대적 M&A 등 기업 경영권 장악을 시도하는 외부 세력에 맞서기 위한 수단으로 자기주식을 보유할 수 있다. 보유한 자기주식을 전략적 우호 기업의 자기주식과 맞바꿈으로서 기업의 경영권 방어를 제고할 수 있다. 또는 우호 기업과 상호 자기주식 교환이 없더라도, 전략적 상호 협력체결을 통해 우호적 우군(백기사)의 지지로 경영권을 방어하는 데 활용할 수도 있다. 그 외에 자기주식은 임직원 등의 성과급 지급을 주식으로 보상하는 재원으로도 활용할 수 있다.

6-8. 자본을 가산 차감하는 자본조정

자본조정은 자기자본에서 가산 또는 차감반영을 위해 표시하는 항목들이다. 자본조정으로는 자기주식, 감자차손, 자기주식처분손실, 주식할인발행차금, 주식매입선택권 등이 있다.

〈자기주식〉은 기업이 발행한 주식을 다시 취득 보유하는 주식으로, 기업의 자산도 자본도 아니다. 따라서 재무상태표에 자본을 차감하는 항목으로 기재한다. 자기주식 취득 경위, 향후 처리계획 등은 주석에 반영된다.

〈감자차손〉은 감자 과정에서 자본금의 감소액보다 더 많은 대금을 지급한 경우에 발생한 손실이다. 감자차손은 자기자본에 차감 반영하는 자본조정이다.

〈자기주식처분손실〉은 취득한 자기주식을 취득가액보다 낮은 가액으로 처분하여 발생하는 손실이다. 자기주식처분손실은 자기자본에 차감 반영하는 자본조정이다.

〈주식할인발행차금〉은 주식발행초과금과 반대로 액면가보다 낮은 금액으로 주식을 발행하는 경우의 액면가에 미달하는 금액이다. 주식할인발행차금은 자기자본에 차감 반영한다.

〈주식매입선택권(stock option)〉은 기업이 임직원 등에게 특정기간에 회사의 주식을 일정 가격으로 매수할 수 있는 권리를 부여한 경우에 그 권리에 해당하는 금액이다. 주식교부형 주식매입선택권은 자본조정의 가산항목으로 기록한다.

자본조정은 기타자본구성요소에 해당된다. 기타자본구성요소로 자본조정 이외에 기타포괄손익누계액 등이 있다.

6-8. K-IFRS 회계에 등장하는 기타포괄손익누계액

기타포괄손익누계액은 자본조정과 마찬가지로 기타자본구성요소에 포함된다. 기타포괄손익누계액은 자본에 가산하거나 차감하는 효과를 가지지만, 당기손익에 해당하지 않는다는 점에서 자본조정과 유사하다. 기타포괄손익은 손익거래가 아니므로 이익잉여금과 무관한다. 또한 기타포괄손익은 발생원천이 주주와의 자본거래도 아니므로 자본잉여금에도 반영되지 않는다. 따라서 기타포괄손익은 기타자본구성요소로 분류한다.

기타포괄손익누계액은 기타포괄손익을 구성하는 수익과 비용에 기인한 손익의 누계액이다. K-IFRS의 포괄손익계산서에 나타나는 기타포괄손익이 재무상태표의 자본에 반영된 결과가 기타포괄손익누계액이다. 기타포괄손익은 회사의 순자산 변화를 반영하는 과정에서 이익으로 기록한 항목이다. 예를 들어, 자산재평가에 따른 매도가능증권평가손익, 현금흐름위험회피 파생상품평가손익, 해외사업환산손익, 자산재평가손익 등이 기타포괄손익에 해당된다.

〈매도가능증권평가손익〉은 매도가능증권을 공정가치로 평가함으로써 발생하는 이익이나 손실을 매도가능증권평가이익 또는 손실로 계상한 결과 누적된 기타포괄손익누계액이다. 매도가능증권평가손익은 차기이후 발생하는 손익과 상계하여 표시한다. 매도가능증권을 처분하는 시점에 발생하는 매도가능증권처분손익은 당기손익에 해당된다.

〈현금흐름위험회피 파생상품평가손익〉은 주가, 금리, 환율, 원자재 등 금융시장에서 발생하는 가격 변동성의 위험을 회피하기 위해 보유하는 선물, 옵션, 스왑 등의 파생상품 거래에서 발생하는 평가손익으로 기타포괄손익누계액이다.

〈해외사업환산손익〉은 해외사업장의 외화재무제표를 원화로 환산하는 과정에서 발생하는 외화환산이익 또는 손실로 기타포괄손익누계액에 포함한다.

〈자산재평가손익〉 K－IFRS에서는 유형자산의 최초 취득 이후에 공정가치를 신뢰성 있게 측정할 수 있는 경우, 재평가일의 공정가치로 측정하도록 허용한다. 자산재평가손익은 기타포괄손익누계액에 포함한다.

7. 수익과 비용 그리고 손익계산, 무엇을 알려주나?

"손익계산서(I/S, Income Statement)는 기업이 회계기간 동안 벌어들인 수익에서 수익을 위해 사용한 비용을 차감한 이익이 얼마나 발생하였는가를 보여주는 재무제표이다. 손익계산서는 수익, 비용 그리고 그 결과인 이익을 통해 기업의 경영성과를 보고한다. 수익이 있는 곳에 비용이 있다. 수익비용 대응의 원칙에 따라 비용은 수익에 대응하여 산정된다. 수익은 벌어들인 돈(Revenue)이며, 수익에서 대응한 비용을 차감하여 남긴 돈이 이익(Profit)이다."

7-1. 손익계산(損益을 計算), 얼마 남겼나?

손익계산서(I/S, Income Statement)는 기업이 회계기간 동안 벌어들인 수익에서 수익을 위해 사용한 비용을 차감한 이익이 얼마나 발생하였는가를 보여주는 재무제표이다. 손익계산서는 수익, 비용 그리고 그 결과인 이익을 통해 기업의 경영성과를 보고한다.

수익이 있는 곳에 비용이 있다. 수익비용 대응의 원칙에 따라 비용은 수익에 대응하여 산정된다. 수익은 벌어들인 돈(Revenue)이며, 수익에서 대응한 비용을 차감하여 남긴 돈이 이익(Profit)이다.

수익(벌어들인 돈)과 비교해 이익(남긴 돈)이 많을수록(이익률이 높을수록) 기업의 가치(주가 등)은 높게 평가된다. 수익과 비용의 차이인 이익(남긴 돈)은 수익 증가, 비용 감소를 통해 증가(개선)된다.

이익 증가(개선) 기대는 미래 이익 예상의 근거가 된다. 수익의 증가, 비용 감소 예상은 미래 수익, 비용의 근거가 되며, 이를 통한 미래 이익 증가의 가정을 통해 미래 이익을 예상한다. 미래 기대되는 이익은 기업의 가치(주가)에 영향을 미친다. 이익 증가 실현, 미래 이익 증가 기대 등으로 기업의 가치(주가)는 상승한다.

따라서 배당을 받거나 주가 상승을 기대하는 주주, 투자자 등은 손익계산서에서 보고되는 이익(남긴 돈)에 많은 관심을 가진다. 또한 이익에 의해 평가를 받는 경영자 등도 이익(남긴 돈)의 결과가 중요하다.

7-2. 손익계산은 단계별로

손익계산서에는 다양한 종류의 이익(남긴 돈)에 대한 정보가 제공된다. 손익계산서는 손익계산 단계에 따라 매출총이익, 영업이익, 법인세차감전손익, 당기순이익, 총포괄이익의 단계별 이익을 보고한다. 단계별 이익은 기업의 경영성과(이익) 분석을 위해 유용한 정보이다.

〈영업이익〉은 기업 영업활동 관련 수익과 비용의 결과를 설명한다. 영업이익을 세분화하면 〈매출총이익〉, 〈영업이익〉으로 세분화한다.

1단계 손익 〈매출총이익〉은 매출과 매출원가의 차이로 매출이익에 대한 정보를 제공한다. 1단계 〈매출총이익〉에서는 매출총이익률(=매출총이익/매출액), 매출원가율(=매출원가/매출액)을 이용해 매출대비 이익(마진)율 또는 매출대비 원가의 비율 정보를 확인할 수 있다.

2단계 손익 〈영업이익〉은 매출총이익에 판매관리비를 추가 반영하여, 영업활동의 성과, 이익 등에 대한 정보를 제공한다. 2단계 〈영업이익〉에서는 영업이익률(=영업이익/매출액)을 이용해 매출 대비 영업이익(성과)의 정보를 확인할 수 있다.

3단계 손익 〈법인세차감전이익(세전이익)〉은 2단계 손익 〈영업이익〉에 영업외수익, 영업외비용 등을 가감한 결과로 법인세를 제외한 기업의 전반적 성과를 보고한다. 영업성과 이외에 영업외성과에 대한 정보를 추가로 제공한다. 법인체차감전이익률(=법인세차감전이익률/매출액)을 통해 영업이익에 영업외손익을 가감한 매출 대비 법인세차감전이익의 정보를 확인할 수 있다.

4단+계 손익 〈당기순이익〉은 3단계 손익 〈법인세차감전이익〉에 법인세비용까지 포함한 기업 경영성과, 이익에 대한 정보를 제공한다. 순이익률(=당기순이익/매출액)을 통해 기업의 경영성과(손익거래) 결과를 확인할 수 있다.

5단계 손익 〈총포괄이익〉은 K－IFRS 회계를 따르는 (포괄)손익계산서에 나타나는 이익으로, 4단계 손익 〈당기손익〉에 기타포괄손익을 가감한 손익 정보를 제공한다. 총포괄이익률(=총포괄이익/매출액)을 통해 매출대비 총포괄이익의 정보를 확인할 수 있다.

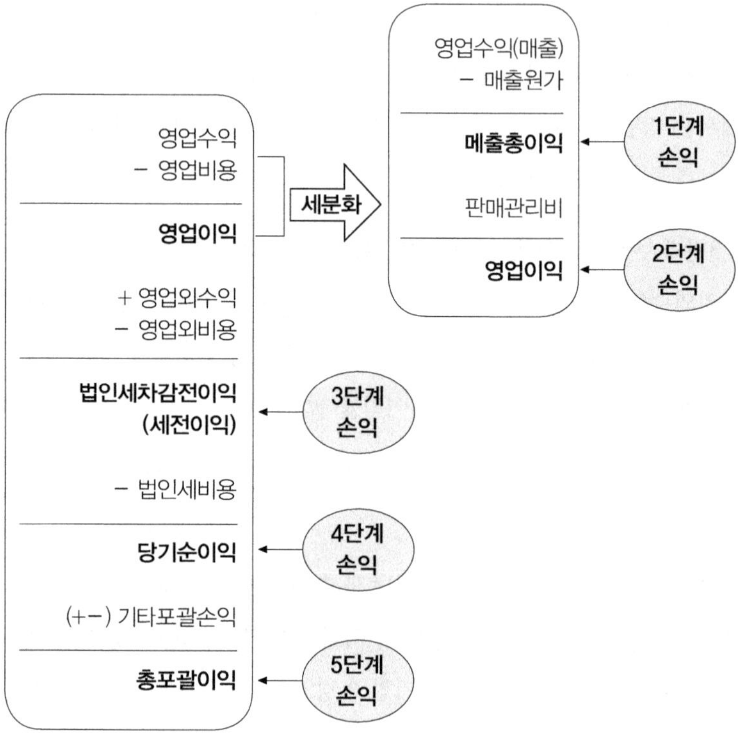

[그림 26] 손익계산서의 단계별 이익

글로벌 기업들에 대한 투자자들의 이해를 돕기 위해 글로벌 기업들은 단계별 손익을 이미지화하고 있다. Google의 이미지화된 단계별 손익 자료를 통해 글로벌 기업의 단계별 손익을 살펴보면 [그림 27]과 같다.

Gross Profit이 1단계 매출총이익이다. Revenue가 매출, Cost of Revenue가 매출원가로 매출총이익(Gross Profit)을 설명하고 있다. 매출(Revenue)도 사업부문별로 구분하여 실적을 보고하고 있다. Operating Profit이 2단계 영업이익이며, 매출원가이외의 영업비용(Operating Expense) 정보도 제공하고 있다. 법인세차감전 이익은 별도로 제공되지 않고 있으나, Tax 정보를 이용해 법인세차감전이익을 유추할 수 있다. 영업이익에서 Tax를 차감하여 당기손익(Net Profit) 정보도 나타나고 있다. 미국은 IFRS를 따르지 않으므로 총포괄이익 정보는 제공하지 않고 있다.

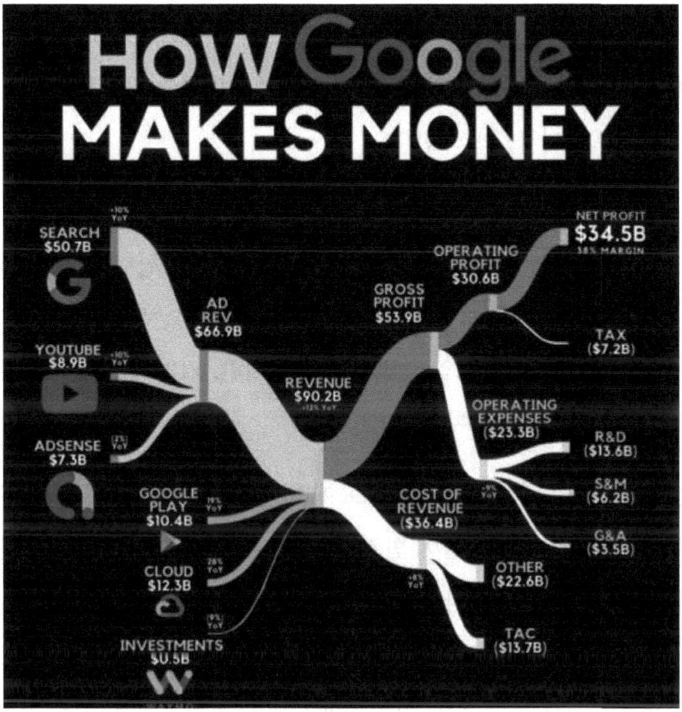

[그림 27] Google의 단계별 손익 Image

출처: www.carbonfinance.io

7-3. 손익계산서를 확장한 포괄손익계산서

한국채택 국제회계 기준(K-IFRS) 도입으로 손익계산서에도 변화가 생겼다. K-IFRS 도입 이전에는 손익계산서에서 당기순이익이 마지막 단계에 등장하는 이익이었다. K-IFRS 도입이후 K-IFRS를 따르는 기업들은 당기순이익에 추가하여 총포괄이익을 보고하는 포괄손익계산서(기존 손익계산서를 대체하여)를 보고한다. 포괄손익계산서에는 기존 손익계산서의 마지막 단계 이익이었던 당기순이익에 기타포괄손익을 가감하여 총포괄이익을 보고한다.

포괄손익계산서의 기타포괄손익은 '기업의 '순자산(자본) 증감'을 발생시키는 사항들은 모두 이익(또는 손실)에 포함해야 한다'는 견해를 반영한 결과이다.[26) 예를 들어 유형자산의 자산재평가손익, 매도가능증권평가손익 등은 당기순이익에 반영되지 않지만, 기업의 순자산(자본)을 증가시키므로 기타포괄이익에 반영한다.

손익계산서의 결과가 재무상태표에 반영되는 과정에서도, 당기손익은 자본계정의 이익잉여금에 반영되고, 기타포괄손익은 자본계정의 기타포괄손익누계액에 반영된다. 즉 기업의 당기손익거래에 포함되지 않지만, 기업의 순자산(자기자본) 증가에 기여하므로 손익계산서의 기타포괄손익으로 기록하고, 추후 재무상태표 자본에 기타포괄손익누계액으로 반영된다.

---

26) 포괄손익계산서에서도 주주와의 자본거래(주주의 투자, 주주에 대한 배당 등)에 의한 순자산 증감은 제외한다.

K－IFRS의 포괄손익계산서는 기존 손익계산서와 비교해 보다 포괄적인 이익정보를 포함한 확대된 형태의 손익계산서라 할 수 있다. K－IFRS를 적용하지 않는 비상장회사 등은 일반회계기준에 따라 기존 손익계산서를 그대로 사용한다. K－IFRS를 적용하는 상장회사도 기존 손익계산서를 별도로 나타낼 수도 있다. 손익계산서와 포괄손익계산서는 기본 구조는 동일하며, 포괄손익계산서가 기존 손익계산서에 추가적 정보를 제공하는 것이다.

7-4. 손익계산서와 재무상태표, 뗄레야 뗄 수 없는 관계

손익계산서와 재무상태표는 유기적 상호관계(뗄레야 뗄수 없는 관계)를 가진다. 재무상태표가 특정 시점의 몸무게, 키, 비만도 등을 나타낸 결과라면, 손익계산서는 그러한 몸무게, 키, 비만도 등의 증감과정을 설명하는 보고서이다. 스포츠 경기에서 최종 스코어가 재무상태표라면, 스포츠 경기 과정을 보여주는 하이라이트 동영상 등이 손익계산서에 해당된다.

구매한 가방(1만 원)을 판매하여 현금(1만5천 원)을 받으면, 자산 구성의 변화 뿐 아니라 자산, 자본(순자산)이 모두 증가한다. 광고비 또는 직원 급여 등으로 현금을 지출한 경우도 자산(현금) 감소와 함께 자본이 감소(비용 증가)한다. 이와 같이 손익계산서에 보고되는 손익은 재무상태표에도 그대로 반영된다.

손익계산서의 이익이 생기면 재무상태표의 자산, 자본(순자산)이 증가한다. 반대로 손익계산서의 손실은 재무상태표의 자산, 자본(순자산)의 감소로 나타난다. 또한 재무상태표의 자산 가치 감소(예: 기능쇠퇴 등에 따른 가치 감소)의 원인이 수익창출 과정에서 비용 발생(사용)에 기인한 경우에는, 그 자산의 가치감소분이 손익계산서의 비용으로 기록된다.

손익계산서, 재무상태표는 재무제표들 가운데에서도 핵심 재무제표이면서 상호 유기적 관계를 가지는 것이다. 손익계산서는 재무상태표가 기초(전년도말) 재무상태에서 기말(금년도말) 재무상태로 변화하는 과정을 설명한다. 재무상태표의 기말자산, 자본(순자산)은 손익계산서의 이익에 의해 변화한다. 재무상태표를 설명하는 회계등식(자산 = 부채 + 자본(기초자본+수익 − 비용 − 배당))에서 '수익 − 비용'은 손익계산서의 결과에 의해 결정된다. 손익계산서에서의 이익은 재무상태표의 자본에 반영되는 순환관계를 가진다.

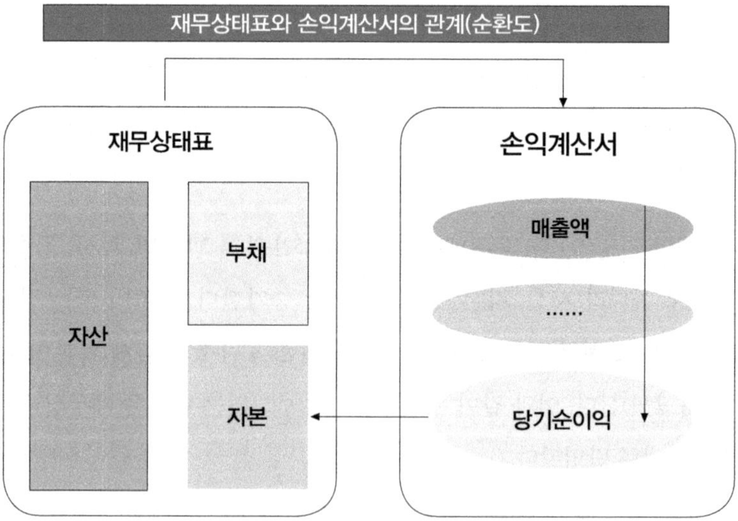

[그림 28] 재무상태와 손익계산서의 관계(순환도)

7-5. 비용(Expense)은 원가(Cost)가 바뀐 것이라고?

재무상태표의 자산은 취득원가주의(원칙)에 따라 기록 보고된다. 기업 투자활동 결과 자산화된 원가(Cost Capitalized)가 재무상태표에 자산으로 기록 보고되는 것이다. 제품을 제조하거나, 상품을 매입하거나, 유무형의 자산을 취득하거나, 또는 현금 등으로 보유한 자산도 모두 원가로 재무상태표에 기록 보고되는 것이다.

원가로 기록된 자산은 영업활동 과정에서 수익 창출을 위해 사용된다. 수익 창출과정에서 사용된 자산은 수익에 대응하여 비용(Expense)으로 손익계산서에 보고된다. 즉 재무상태표에 원가(Cost)로 기록된 자산이 손익계산서에서 비용(Expense)으로 전환되는 것이다.

원가로 표시한 제품, 상품 등의 재고자산은 수익 창출과정에서 판매되어 매출원가(비용)로 보고된다. 현금성 자산은 현금성 지출 등 비용으로 보고된다. 수익창출과정에서 사용된 유무형자산의 가치감소분은 감가상각 등의 과정을 통해 비용으로 보고된다. 원가의 자산화, 원가로 기록된 자산의 비용화 과정은 다음 [그림 29]와 같다.

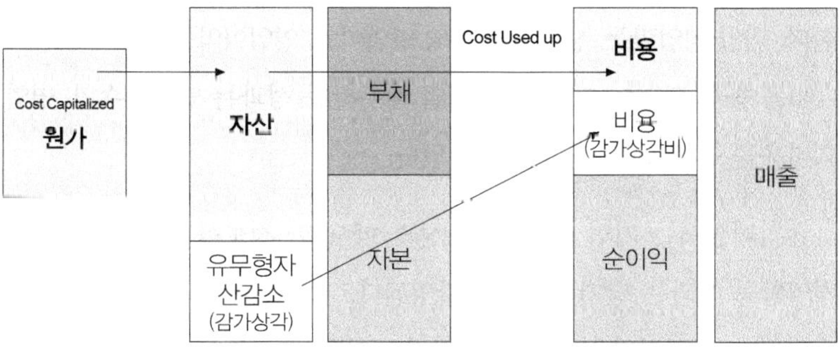

[그림 29] 원가의 자산화, 자산화된 원가의 비용화 과정

7-6. 손익계산, 무엇을 알려주나?

손익계산서는 기업에 관한 다양한 정보를 알려준다.

손익계산서는 기업 〈성장성〉에 관한 정보를 알려한다. 기업의 성장성은 매출의 증가를 통해 확인할 수 있다. 전년대비 매출의 증가율을 통해 기업의 성장 속도, 크기 등을 확인할 수 있다. 또한 동종 업계 평균, 또는 동종 유사업체와의 비교를 통해 기업의 성장성을 평가할 수 있다.

손익계산서는 기업 〈비용 관리의 효율성〉에 관한 정보를 알려준다. 회사의 이익을 높이려면, 회사의 수익을 늘리거나 비용을 효율적으로 관리하여야 한다. 시장에서의 독점도가 크지 않고 경쟁이 치열한 업종일수록 가격 이나 매출확대를 통한 수익 확대가 여의치 않을 수 있다. 이러한 업종 기업들에서는 비용 관리의 효율성이 중요하다. 판매관리비, 매출원가 등을 통해 비용관리의 효율성을 확인할 수 있다. 매출원가, 판매관리비의 전년대비 증가율, 동종업계 및 유사업체와의 비교를 통해 비용관리 효율성 제고를 통한 이익증대를 도모해 볼 수 있다.

손익계산서는 기업 〈영업활동, 재무활동 성과〉에 관한 정보를 제공한다. 기업 영업활동 성과는 기업의 영업이익, 영업이익률(매출액대비 영업이익)을 통해 확인이 가능하다. 기업 재무활동 성과는 영업외수익, 영업외비용을 통해 성과를 추정할 수 있다.

손익계산서는 기업 〈경영활동 성과〉에 관한 정보를 제공한다. 기업 경영활동 성과는 당기순이익에 반영된다. 영업활동 성과는 영업이익에 반영된다. 영업이익은 장기적 수익력 정보를 제공한다, 재무활동 성과 등은 비영업이익에 반영된다. 당기순이익은 이러한 영업이익, 비영업이익에 법인세비용까지 고려한 전체적 기업경영활동 성과가 반영된 결과이다.

7-7. 영업손익 보다 큰 영업외손익 대박인가, 쪽박인가?

영업이익은 흑자인데, 법인세차감전이익이 적자인 경우가 있다. 반대로 영업이익은 적자인데, 법인세차감전이익이 흑자인 경우도 있다. 이와 같은 차이가 발생한 이유는 바로 영업외손익의 크기에 달려있다. 영업손익에 영업외손익을 가감한 것이 법인세차감전손익이다. 영업외손익이 더 높은 비중을 차지한다면, 법인세차감전손익은 영업손익보다 영업외손익에 더 큰 영향을 받을 것이다.

영업외손익은 기업의 주된 경영활동이 아닌 다른 활동의 결과로 발생한 수익과 비용의 차이이다. 기업은 주된 영업 이외의 활동에서 더 많은 수익을 벌어들일 수가 있다. 기업의 주된 영업활동은 제조업인데, 임대수익, 금융수익 등에서 더 많은 수익을 낸다면, 영업외수익이 영업수익보다 더 클 것이다. 예를 들어 기업은 영업적자에 허덕이는데, 보유한 코인 매각으로 큰 이익을 내게 된다면, 영업적자에도 불구하고 법인세차감전손익은 양의 값을 보일 것이다.

또한 기업은 주된 영업 이외의 활동에서 더 많은 비용이 발생할 수도 있다. 기업의 영업이익으로도 기업의 과다 차입에 따른 이자비용을 감당하지 못한다면, 기업은 영업이익 흑자에도 불구하고 법인세차감전손익은 적자를 보일 것이다. 기업의 영업이익보다 많은 이자비용이 지속된다면, 기업의 존속가능성에도 의문을 가질 수 있다. 영업이익보다 이자비용이 큰 상태가 3년 이상 지속되는 경우, 이러한 기업을 좀비기업이라 부르는 것도 이러한 기업의 존속 가능성 위험이 증가하기 때문이다. 이자비용 이외에도 기업이 보유한 자산(투자, 유무형자산 등) 매각에서 대규모 처분손실이 발생한 경우에도 영업이익을 초과하는 비영업손실이 발생할 수 있다.

7-8. 이익의 지속성과 이익의 질

기업의 이익이 지속적으로 좋은가? 기업의 이익은 지속적으로 성장하는가? 기업 경쟁우위의 장기적 지속성을 살펴보기 위해서는 기업 이익의 지속성을 확인할 필요가 있다.

기업의 장기적 내재가치는 기업의 이익 지속성과 밀접한 연관성을 가진다. 이익의 지속성 여부를 판단하여 일시적 이익을 제외하고 지속성 있는 이익을 분석한다.

기업 보유자산, 부채 등의 시장가치 변동에 영향을 받는 이익으로 투자자산 평가손익, 유형자산재평가이익, 환율변동 이익 등은 일시적 이익에 해당된다. 또한 사건 자체의 일시성으로 인해 발생하는 각종 처분손익, 채무면제이익, 중단사업의 손익 등도 일시적 이익에 해당된다. 추정오류 및 회계오류 수정에 따른 손익으로 전기오류 수정손익, 법인세 환급 및 추납 등에 따른 손익도 일시적 이익에 해당된다.

손익계산서에 보고된 이익이 기업 경영활동 결과를 잘 나타낼수록, 손익계산서의 이익을 이용해 미래 기업의 이익을 잘 예측할 것이다. 즉 미래 이익 예측에 유용한 이익일수록 이익의 질이 좋다고 평가할 수 있다. 따라서 이익의 지속성이 높고 이익 변동성이 낮을수록 이익의 질이 좋다고 할 수 있다.

또한 이익의 질이 현금흐름 방향과 괴리가 크지 않을수록 이익의 지속성이 좋고 이익의 질이 좋다. 이익규모 자체보다 이익 산출의 구조적 요인을 반영하는 이익의 질이 더 중요할 수도 있다. 기업의 이익이 주가를 잘 설명하고 기업의 이익과 주가의 상관관계가 높을수록 이익의 질이 좋다고 평가할 수 있다.

7-9. 기업의 이익창출 특성을 알려주는 매출총이익, 영업이익

매출총이익은 매출액에서 매출원가를 차감한 이익이다. 매출총이익이 높을수록 매출(판매, 서비스 제공 등)을 통한 이익률이 높다. 시장에서 독점력이 높은 기업들 또는 시장에서 경쟁이 높지 않은 업종 등에서는 가격 책정(pricing)에 제약이 작다. 이러한 기업들은 높은 가격 책정 등으로 매출원가대비 높은 매출가격을 책정할 수 있다. 또한 제조공정 등에서의 혁신 등으로 상대적으로 낮은 제조원가, 서비스원가를 부담하는 기업들은 상대적으로 낮은 매출원가 부담을 가질 것이다. 이와 같은 이유 등으로 높은 매출가격 책정이 가능하거나 또는 낮은 매출원가 부담을 가지는 기업들은 많은 매출총이익을 가질 것이다. 따라서 높은 매출총이익률, 낮은 매출원가율을 보일 것이다.

영업이익은 매출총이익에서 판매관리비를 차감한 이익이다. 판매관리비는 영업활동, 판매, 연구개발, 상품기획, 총무, 홍보 관련 업무의 제반비용이 반영될 것이다. 수익 창출을 위해 많은 광고선전비, 연구개발비가 필요하거나, 영업활동, 연구, 일반관리 등의 업무에 상대적으로 많은 인력, 시설, 비용 등의 부담이 있는 경우에는 판매관리비가 많을 것이다. 반대로 판매 및 영업활동, 연구개발, 일반관리 등에 많은 비용이 발생하지 않는 경우에는 판매관리비가 작게 나타날 것이다. 영업이익은 매출총이익이 양호하더라도 판매관리비 부담이 크면, 영업이익은 작게 보고될 것이다. 반대로 매출총이익이 저조하더라도 판매관리비 부담이 크지 않으면, 영업이익은 크게 보고될 것이다. 매출총이익과 관계 없이, 판매관리 부문의 개선을 통해 영업이익 증가를 도모할 여지가 있다.

매출총이익, 영업이익을 기준으로 기업을 4가지 유형으로 구분할 수 있다.

이익체질형: 매출총이익 많고(증가하고) 영업이익도 많음(증가)
방만경영형: 매출총이익 많고(증가하고) 영업이익이 적음(감소)
내부관리형: 매출총이익 적고(감소하고) 영업이익이 많음(증가)
만성적자형: 매출총이익 적고(감소하고) 영업이익도 적음(감소)

이러한 매출총이익, 영업이익으로 구분한 업체의 특성이 업체가 속한 업종 및 시장에 의해 영향을 받을 수도 있다. 경쟁이 치열한 업종, 시장에 속한 업체는 낮은 독점력으로 높은 매출가격(pricing) 책정이 어려워

매출총이익이 적거나 증가시키기 어렵다. 또한 경쟁이 치열한 업종, 시장에 속한 업체는 많은 마케팅, 영업활동 비용이 필요하다. 지속적인 연구개발을 통한 신제품 개발이 요구되는 업체, 시장에 속한 기업들은 연구개발에 많은 비용이 발생할 가능성이 높다. 따라서 기업의 이익창출 특성을 판단함에 있어서 업체가 속한 업종, 시장의 특성도 어느 정도 감안하여 평가할 필요가 있다.

7-10. 내가 받는 급여(인건비)는 어느 비용에?

나의 급여(인건비)는 어느 비용인가? 근무하는 부서 및 업무에 따라 판매관리비 또는 제조원가로 달리 반영된다.

판매, 관리, 연구개발 관련 업무는 판매관리비에 반영될 것이다.[27] 따라서 판매, 관리, 연구개발 등의 인건비는 매출원가를 통한 매출총이익에 반영되지 않고, 판매관리비를 통한 영업이익 산정에 반영된다.

한편 공장 생산 등의 인건비는 제품 제조원가에 반영된다. 제품 제조원가는 재고자산의 완성에 기여하며, 완성된 재고자산이 판매된 경우에 매출원가로 반영된다. 판매되지 않은 제품에 반영된 인건비는 재고자산으로 넘게 된다. 공장 생산 등의 인건비는 제품 판매를 통해 매출

27) 연구개발 업무 가운데 '개발비' 자산화 요건에 해당될 경우에는 '개발비' 무형자산으로 반영되어 상각의 과정을 거쳐 판매관리비로 반영될 것이다. 이 경우에도 자산의 이연하로 즉시 비용에 반영되지 않을 뿐, 판매관리비로 반영되는 결과는 동일하다.

원가, 매출총이익, 영업이익에 반영된다.

이러한 논리는 감가상각비에서도 동일하게 적용된다. 일반관리 부서의 건물 등의 감가상각비는 판매관리비에 반영되는 반면, 생산 관련 건물 등의 감가상각비는 제조원가에 반영된다.

〈참고문헌〉

「가치투자자 관점에서의 재무제표 보는 법」 제1판, 이상봉, 도서출판 청람, 2015.

「숫자 울렁증 32세 이승환씨는 어떻게 재무제표 읽어주는 남자가 됐을까」 초판, 이승환, 흐름출판, 2018.

「지금 당장 회계공부 시작하라」 초판, 강대준 · 신홍철, 한빛비즈(주), 2013.

「회계학 리스타트」 초판, 유관희, (사)한국물가정보, 2010.

「K－IFRS NEW 회계원리」 제6판, 김권중, 창민사, 2016.